AF452233

NOUVEAU
SYSTÈME

DE CONSTRUCTION

D'ESCALIERS EN BOIS,

DANS LEQUEL ON SUPPRIME LES LIMONS ET FAUX-LIMONS QU'EXIGE LE SYSTÈME COMMUNÉMENT USITÉ, CE QUI, SANS NUIRE A LA SOLIDITÉ DU TRAVAIL, LE REND BEAUCOUP PLUS SIMPLE ET PLUS FACILE, LE MET A LA PORTÉE DE TOUS LES OUVRIERS, ET DONNE UNE ÉCONOMIE CONSIDÉRABLE ;

PAR

J.-L. PAISANT,

Architecte à Brest,

EX-ENTREPRENEUR DES TRAVAUX MARITIMES, DES FORTIFICATIONS ET DES TRAVAUX DE CANALISATION DE LA RIVIÈRE D'AULNE.

BREST,

IMPRIMERIE DE COME ET BONETBEAU,

RUE DU CHATEAU, NUMÉRO 44.

1834.

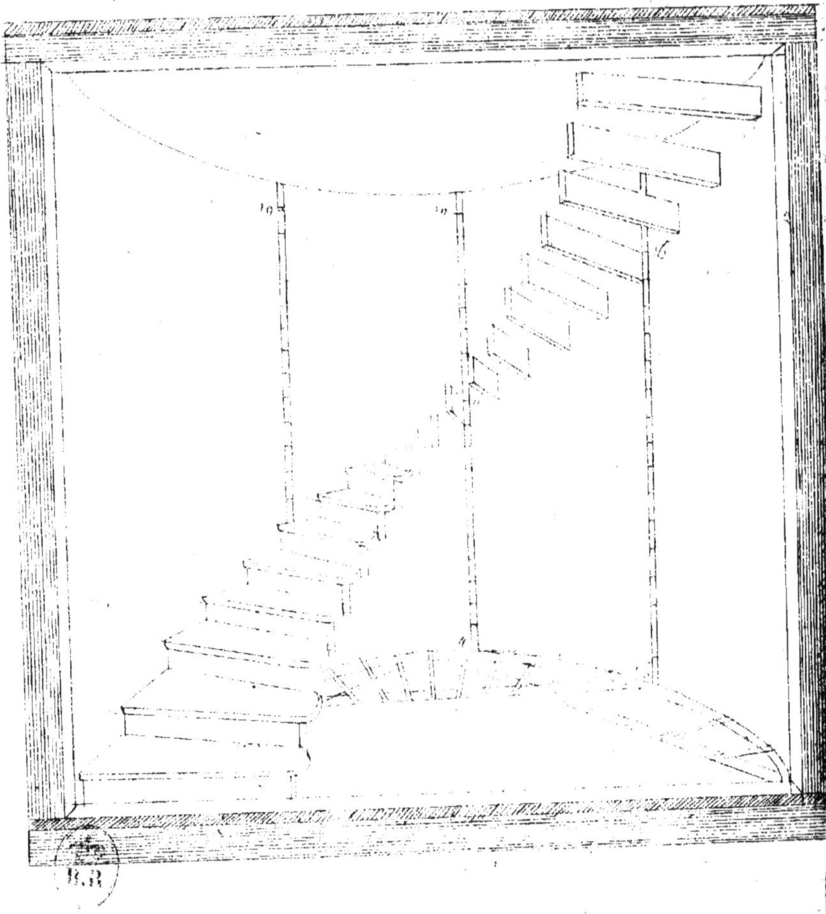

Vue d'un escalier à cage demi-circulaire, représentant
une partie des marches assemblées avec leurs contre-
marches, l'autre partie de côté seulement

NOUVEAU SYSTÈME

DE

CONSTRUCTION D'ESCALIERS

EN BOIS,

DANS LEQUEL ON SUPPRIME LES LIMONS ET FAUX-LIMONS QU'EXIGE LE SYSTÈME COMMUNÉMENT USITÉ, CE QUI, SANS NUIRE A LA SOLIDITÉ DU TRAVAIL, LE REND BEAUCOUP PLUS SIMPLE ET PLUS FACILE, LE MET A LA PORTÉE DE TOUS LES OUVRIERS, ET DONNE UNE ÉCONOMIE CONSIDÉRABLE ;

PAR

J.-L. PAISANT,

Architecte à Brest,

EX-ENTREPRENEUR DES TRAVAUX MARITIMES, DES FORTIFICATIONS ET DES TRAVAUX DE CANALISATION DE LA RIVIÈRE D'AULNE

BREST.

IMPRIMERIE DE COME ET BONETBEAU,

RUE DU CHATEAU, NUMÉRO 44.

1854.

CE QUI FAIT QUE JE N'OSE ATTAQUER MON SUJET DE PRIME-ABORD.

PLUSIEURS raisons, dont le lecteur appréciera le mérite, m'ont déterminé à faire précéder l'exposition de mon système, et des principes sur lesquels il est fondé, et de quelques explications dont le but sera rempli, si elles peuvent me tenir lieu d'excuse, dans le cas où ce petit ouvrage ne paraîtrait pas justifier complétement son titre. C'est une précaution dont j'ai été à même de reconnaître l'utilité, dans une circonstance où je me trouvai quelque peu désappointé pour l'avoir négligée. Je m'étais livré à l'examen de quelques questions relatives à la construction des digues en maçonnerie, et j'avais été conduit à des considérations que je croyais nouvelles ; mais je ne tardai pas à savoir que ce qui était nouveau pour moi ne l'était pas pour tout le monde, en lisant cette partie du rapport fait sur mon travail par une commission composée d'ingénieurs :

« Si nous avons dû vous avertir que les mêmes
» questions ont déjà été traitées par plusieurs
» ingénieurs d'un mérite distingué, notamment
» par Bélidor et par M. Navier, nous n'avons
» voulu en aucune manière diminuer le mérite
» de ce petit travail, l'auteur n'ayant eu évi-
» demment aucune connaissance des écrits déjà
» publiés sur le même sujet. . . . .
. . . .
. . . .

On conçoit facilement combien doit être jaloux de ne pas donner lieu à un autre avertissement de ce genre, un homme qui ne veut tromper personne et qui se trouverait très-heureux s'il pouvait, comme tant d'autres, être utile à beaucoup de monde.

D'abord, le système que je propose est-il nouveau ? Je le crois, car je ne l'ai vu appliqué nulle part. Est-il utile ? Je le crois encore, attendu qu'il me semble, mieux que le système communément usité, réunir ces trois conditions essentielles : *solidité, économie et facilité d'exécution.*

Mais de ce que je n'ai vu ce système appliqué nulle part, est-ce une raison pour conclure qu'il n'existe pas quelque part? Non, sans doute; mais comment le savoir? Il faudrait pour cela visiter tous les escaliers du monde; et j'avoue que je n'ai vu qu'une partie, pas même la cinquantième, de ceux de la France. Quoi qu'il en soit, comme il n'est rien de tout ce que j'ai vu jusqu'à ce jour, en fait d'escaliers en bois, qui soit de nature à ébranler la conviction où je suis que l'on peut faire pour le moins aussi bien, à meilleur marché et plus facilement, par l'application de mon système, c'est assez pour m'encourager à le publier avec l'espoir qu'il ne sera point défavorablement accueilli. Je regrette bien vivement que cette idée ne me soit pas venue 5o ans plus tôt : elle m'eût été très-profitable, ainsi qu'à beaucoup d'autres, et il y aurait aujourd'hui, à Brest et ailleurs, bon nombre d'escaliers qui seraient préférables à ceux que l'on y remarque.

Il faut reconnaître cependant que, depuis quelques années, il y a eu progrès dans la construction des escaliers, au moins quant à leur exécution plus soignée et à leurs formes plus gracieuses; mais en ce qui touche la solidité, l'économie et les difficultés d'exécution, il n'y a eu rien de changé. Parmi les escaliers les plus récemment construits, il en est même plusieurs

(et ce ne sont pas les moins élégans) qui paraissent essentiellement manquer de solidité : ce sont ceux à limons suspendus, soit de forme rectangulaire, circulaire ou elliptique. Dans presque tous, on remarque qu'il y a eu affaissement sur les limons, et dans quelques-uns cet affaissement a été si considérable qu'ils semblent menacer ruine. Il n'est pas rare de voir jusqu'à 8 et 10 centimètres de pente sur la longueur des marches, qui, par cette raison, se trouvent détachées du mur de la cage, malgré leur clouage dans les entailles des faux-limons.

Frappé de ce défaut de stabilité, qu'il ne faut attribuer à aucune autre cause qu'au fléchissement des limons dans leurs assemblages, et aussi, en partie, au retrait que les bois éprouvent en séchant, j'ai réfléchi sur les moyens à employer pour éviter de si graves inconvéniens sans être forcé de recourir à une dépense de fer qui augmenterait considérablement le prix des escaliers, et je crois être parvenu à résoudre le problême d'une manière assez générale, après avoir fait un essai qui, sans atteindre précisément le but que je m'étais proposé, m'a cependant ouvert la voie pour y arriver.

Cette solution exclut entièrement l'usage des limons et faux-limons, patins et noyaux, pour y substituer la résistance qu'oppose la force de cohésion des fibres de l'espèce de bois dont on se sert à l'action des puissances qui tendent à en opérer la rupture. La construction des escaliers considérés jusqu'à ce jour comme offrant le plus de difficultés se trouve ainsi ramenée à la même simplicité que celle des escaliers les plus faciles. Plus de ces débillardemens qui sont un véritable écueil pour la plupart des ouvriers, et que les plus habiles ne réussissent pas toujours à tracer avec assez de précision pour obtenir les surfaces gauches qu'ils cherchent. Tout ouvrier en état de construire, suivant le système usité, un escalier rampe sur rampe, sera plus capable encore de se charger d'un escalier à rampes suspendues, de quelque forme qu'il soit, en suivant le nouveau système. Si donc, avec cet avantage, qui mérite bien d'être compté pour quelque chose, j'obtiens pour le moins autant de solidité, d'élégance, et plus d'économie, je n'aurai guère à craindre, ce me semble, que l'utilité de mon travail puisse être sérieusement contestée, et ainsi je n'aurai point à regreter de l'avoir entrepris et publié.

L'escalier d'un édifice en est une partie si importante que tout le monde sent la nécessité d'y apporter la plus grande attention et le plus grand soin. Combien de maisons dépréciées par cela seul que leurs escaliers ont été trop négligés ! Et cependant il arrive encore que, dans les projets de distribution que l'on fait sur des terrains quelquefois très-restreints et très-chers, on s'embarrasse beaucoup moins des escaliers que du reste. On dirait que la place que doit occuper l'escalier est considérée comme perdue ; on veut tout agrandir à ses dépens ; puis, quand on a disposé les pièces de manière à pouvoir s'y installer comme on le désire, on dit : faisons l'escalier pour l'espace qui nous reste, tandis qu'il fallait, de prime-abord, songer à l'espace pour l'escalier. C'est principalement à cette raison qu'il faut attribuer l'existence de ces escaliers aussi difformes qu'impraticables que l'on rencontre si souvent, et dont plusieurs appartiennent même à des maisons assez considérables.

Chaque terrain est susceptible d'un grand nombre de distributions, parmi lesquelles il y en a de bonnes et de mauvaises. Dans le nombre des premières, il s'en trouve qui méritent la préférence, parce qu'elles permettent de placer plus convenablement et plus commodément l'escalier, quelque petite que soit la cage. En un mot, il n'y a point de distribution, si elle est bien entendue, qui ne fournisse l'emplacement nécessaire pour obtenir un escalier commode et de forme agréable.

On remarque, dans beaucoup d'escaliers, des portes et des croisées coupées par les rampes. Cette disposition, qu'il est toujours possible d'éviter, contrarie à la fois le goût et la destination des jours. Est-il rien de plus choquant, en effet, que ces garde-corps placés obliquement entre des écoinçons de croisées condamnées à ne pouvoir jamais s'ouvrir? Le nouveau système ne tolère cet inconvénient dans aucun cas.

Il y a aussi des escaliers à cages rectangulaires, ou quadrilataires, dont la projection horizontale du vide de l'échiffre présente ou une courbe circulaire, ou une courbe de forme elliptique, et dont les marches sont réparties dans tout le développement des parois, de manière que celles qui se dirigent vers les angles sont d'une longueur et d'une largeur demesurées, tandis que les autres sont trop étroites. C'est à la fois une difformité et une incommodité qu'il importait de faire disparaître, et que proscrit à juste titre le nouveau système, où le vide de l'échiffre affecte toujours les mêmes formes que les parois de la cage, ainsi que cela doit être.

D'après le nouveau système, la cage d'un escalier doit être formée par un mur, ou par un pan de bois d'une épaisseur proportionnée à la longueur des marches. Mieux vaut un mur, quand on n'est pas trop gêné par l'exiguité du terrain; car il y a économie, comme on le verra par la comparaison que nous présenterons de la dépense du mur et de celle du pan de bois. Les cloisons en briques de champ et en planches sont bannies des cages d'escaliers comme n'isolant pas suffisamment les appartemens du bruit que font les personnes qui montent et qui descendent , et comme incompatibles d'ailleurs avec le système proposé.

Nous diviserons les escaliers en trois catégories. Dans la première catégorie seront compris tous les escaliers dont les marches sont égales et peuvent être superposées. De ce nombre sont les escaliers à cages rectangulaires , circulaires ou demi-circulaires , et que nous nommerons *escaliers réguliers*.

La 2ᵉ. catégorie comprendra tous les escaliers dont les marches sont égales deux à deux seulement, mais sans pouvoir être superposées. De ce nombre sont les escaliers à cages elliptiques , demi-elliptiques, ogives , etc. Nous les appellerons *escaliers symétriques*.

Enfin la 3ᵉ. catégorie comprendra tous les escaliers à marches dont la forme n'est pas identique , quoiqu'à peu de chose près équivalentes en surface. De ce nombre sont les escaliers dont les cages présentent des courbes irrégulières ou incomplètes; ou encore ceux qu'on aurait à construire dans des emplacemens formés de lignes en partie droites et en partie courbes , dans un quart d'ellipse, etc. Nous leur donnerons le nom d'*escaliers irréguliers*.

Un seul exemple , pris dans chacune de ces

catégories , suffira pour montrer aux ouvriers ce qu'ils auront à faire dans tous les cas possibles ; car une des plus précieuses prérogatives de ce nouveau système est de se prêter avec une merveilleuse facilité à toutes les formes et à toutes les variations que l'on veut faire subir aux cages d'escaliers.

Mais avant de passer aux procédés d'application à suivre, il me reste encore à faire connaître sur quels principes le nouveau système est fondé. Cette tâche est de rigueur ; car si l'on doit s'attendre à rencontrer des objections et des antipathies , c'est surtout lorsqu'il s'agit d'innovations qui tendent à proscrire d'anciens usages pour leur en substituer de nouveaux. Il importe donc de bien présenter et développer la théorie de ce nouveau système , pour répondre d'avance aux personnes qui se sentiraient quelque disposition à s'en proclamer les antagonistes. Quant à ceux des ouvriers qui seraient privés des notions nécessaires pour pouvoir comprendre cette première partie de mon travail , ils pourront passer de suite à l'exposition et à l'application du système.

Les recherches auxquelles j'ai dû me livrer pour pouvoir établir cette théorie, m'ont conduit à une formule très-simple pour déterminer la résistance d'une pièce de bois quelconque, connaissant sa longueur et son équarrissage.

J'indiquerai aussi la manière de tracer une courbe dont les ordonnées feront connaître, au moyen d'une échelle, la force des bois de même nature et de même grosseur pour des longueurs quelconques.

Parmi les divers écrits que j'ai interrogés, il en est un (l'*Architecture pratique* de Bullet) qui présente des résultats si différens des autres que j'ai cru devoir faire remarquer en passant cette singularité. Le livre de Bullet donne une méthode pour calculer la force des bois posés horizontalement, et une table dressée d'après cette méthode, qui suppose que les pièces sont engagées et scellées dans les murs , et dit que , dans ce cas, des expériences faites par M. Bélidor attestent que leur force étant, par exemple, représentée par 3 , ne le serait plus que par 2 , si les extrémités étaient libres sur leurs points d'appui.

Mais comme les expériences consignées dans les ouvrages plus récens que j'ai consultés , et notamment dans celui de M. Rondelet , ne font point entrer en ligne de compte ce surcroît de force que peuvent gagner les bois par le scellement de leurs extrémités , je ne les considèrerai pas non plus sous un point de vue différent de celui où les extrémités reposent librement sur leurs points d'appui.

Dans le nombre des tables dressées pour faire

connaître la force des bois en raison de leurs dimensions, je n'en ai point trouvé d'appropriées au système métrique, et j'ai pensé qu'il ne serait pas hors de propos d'en présenter une qui, sans avoir toute l'étendue qu'on pourrait désirer, peut suffire cependant aux besoins les plus ordinaires. Elle comprend toutes longueurs, depuis $2^{m\cdot}$ $27^{c\cdot}$ jusqu'à $9^{m\cdot}$ $10^{c\cdot}$; et, quant aux équarrissages, elle offre trois séries. Les deux premières donnent, à peu de chose près, le maximum de force pour chaque pièce. Le but de la troisième est de faire connaître la résistance des bois posés de champ, dans les cas où ce maximum de force n'est pas de rigueur. La charge que peuvent avoir à supporter les pièces posées horizontalement est très-variable, et il arrive souvent que ce n'est pas tant leur plus grande force que l'on doit avoir en vue qu'une hauteur suffisante pour qu'elles aient le moins de flexibilité possible dans leur sens vertical. On conçoit, en effet, qu'il n'en est pas de la charge des planchers d'appartemens comme de celle des planchers de magasins. Ici, l'équarrissage des bois doit être tel que le rapport de l'épaisseur à la hauteur de chaque pièce donne, sous le moindre volume, la plus grande force possible; là, s'il y a nécessité toujours impérieuse de tenir à la hauteur, il n'en est pas ainsi de l'épaisseur, que l'on peut faire varier à volonté, pourvu cependant qu'on n'abuse pas de cette latitude jusqu'à transformer la poutre en une planche d'épaisseur ordinaire, ainsi que cela s'est vu quelquefois.

NOUVEAU SYSTÈME

DE

CONSTRUCTION D'ESCALIERS EN BOIS.

NOTIONS

PRÉLIMINAIRES ET FONDAMENTALES.

1. L'application de ce système à la construction des escaliers en bois de toutes formes et de toutes grandeurs étant fondée sur la résistance qu'oppose la force de cohésion des bois aux puissances qui tendent à les faire rompre, soit qu'elles agissent dans le sens des fibres pour les allonger ou les accourcir, soit qu'elles agissent perpendiculairement à leur direction pour les comprimer et les écraser, nous aurions d'abord à examiner en quoi consiste la puissance à appliquer pour faire équilibre à la force de cohésion des fibres, à l'extrémité d'une pièce de bois de dimensions déterminées, posée horizontalement, et engagée par son autre extrémité entre deux traverses, de manière à fonctionner comme levier.

Mais pour arriver à la solution de cette question, nous avons besoin de nous appuyer des théories et des expériences consignées dans les ouvrages le plus ordinairement cités comme des autorités dignes de respect et de confiance en ce qui concerne la matière dont il s'agit.

2. Considérons d'abord une pièce de bois A B C D (fig. 1ʳᵉ.), bien équarrie et posée horizontalement sur un appui qui partage sa longueur en deux parties égales ou inégales, au point E ; supposons qu'aux extrémités de cette pièce, ainsi soutenue, deux puissances, P et Q, qui se font équilibre, agissent de haut en bas et verticalement pour la rompre, il est clair que la résultante de ces deux puissances, qui n'est autre que leur somme, doit faire équilibre, au moment de la rupture, à la force de cohésion des fibres. Il ne s'agit donc que de connaître la relation qui existe entre cette force de cohésion et la somme P + Q. Or, voici comment M. Bélidor nous y fait parvenir. Il explique d'abord ce qui se passe pendant la durée de l'action, après avoir considéré toutes les fibres du bois comme divisées par couches très-minces et d'égale épaisseur : La couche supérieure ne pourra, dit-il, se plier dans l'endroit qui correspond au point d'appui, sans que ses fibres ne s'étendent extraordinairement dans le sens de la direction de leur résistance ; et il ajoute que les tensions

des couches inférieures vont décroissant, suivant une progression arithmétique dont le dernier terme est zéro, sur le point d'appui, où la tension de la dernière couche est nulle; et comme les bras de levier, ou distances de toutes ces tensions au point d'appui, décroissent suivant la même progression, il s'ensuit que leurs momens diminuent dans la raison des carrés de leurs distances à ce point, et que par conséquent le point d'application de leur résultante est situé sur la droite ef, au point g, éloigné du point d'appui E des $\frac{2}{3}$ de la hauteur de la pièce. C'est là que se trouve la couche de la moyenne tension, qui répond en même temps au bras de levier moyen; et c'est là aussi qu'il faut supposer que toute la résistance est concentrée. Donc, en nommant T cette moyenne tension, a l'épaisseur de la pièce, b sa hauteur, et par conséquent $\frac{2b}{3}$ la longueur du bras de levier moyen $e\,g$, l la longueur de la pièce, m la longueur du bras de levier de la puissance P, ce qui donne $l-m$ pour la longueur du bras de levier de la puissance Q, on aura, pour exprimer la relation entre chacune de ces puissances et la demi-force de cohésion des fibres réunies, en observant que leur nombre ne diffère pas de $a \times b$, surface de la section de la pièce qui les comprend évidemment toutes:

1°. pour la puissance P, $\mathrm{P} : \frac{1}{2}ab\mathrm{T} :: \frac{2b}{3} : m$;

2°. pour la puissance Q, $\mathrm{Q} : \frac{1}{2}ab\mathrm{T} :: \frac{2b}{3} : l-m$;

d'où $P : Q :: l - m : m$ et $P + Q : Q :: l : m$.
On a aussi $abT : \frac{1}{2} ab'T :: 2b : b$; cela est évident.
Soit $Q = P$ et $m = \frac{1}{2} l$, il vient $2P : P :: l : \frac{1}{2} l$.
Donc, si l'on prend $\frac{1}{2} l$ pour bras de levier de P,
il faut prendre l pour bras de $2P$; de même b
étant le bras de $\frac{1}{2} abT$, $2b$ sera celui de abT. Donc
l'équation d'équilibre est dans ce cas $2P \times l =$
$abT \times 2b$, ou $Pl = ab^2 T$. P ne représenterait
plus ici que la demi-résistance ; mais il est évident que, dans l'application de cette formule aux
résultats des expériences, on peut remplacer P
par les quantités qui expriment les résistances
entières, puisqu'il suffira de déterminer d'après
ces données la quantité T, qui à la vérité n'est
pas constante, comme on le verra ci-après, mais
dont les variations peuvent être calculées d'une
manière assez approximative.

3. Il suit de ce qui vient d'être dit que si l'on
a deux pièces de bois de même nature, de longueur égale et de grosseur différente, leurs résistances seront entre elles dans la raison des
carrés de leurs hauteurs multipliées par leurs
épaisseurs.

4. Il suit encore qu'une pièce moins volumi-
neuse qu'une autre de même longueur peut cependant opposer plus de résistance, selon la
différence plus ou moins grande qu'il y aura
entre les hauteurs des pièces. Ainsi, par exemple, la force d'une pièce de 13 centimètres d'é-

paisseur sur 19 centimètres de hauteur est à celle d'une pièce de 16 centimètres sur 16, dans le rapport de $13 \times \overline{19}^2$ à $16 \times \overline{16}^2$, ou de 4693 à 4096, et cependant le cube de la première est à celui de la deuxième :: 1083 : 1536. On voit d'après cela combien il est avantageux, tant pour la solidité que pour l'économie, de disposer les bois de charpente des planchers et des toitures de manière que leur hauteur excède toujours leur épaisseur.

5. La formule $P l = a\, b^2\, T$ donnerait immédiatement la valeur de P, si celle de T était connue. Quant à cette dernière, voici comment il semble qu'elle devrait se déduire de la théorie de M. Bélidor, d'après l'épreuve que l'on a fait subir au bois de chêne, tiré dans le sens de ses fibres :

La résistance de ce bois, ainsi tiré, a été trouvée de 102 livres par ligne carrée. Cette résistance est nommée *force absolue*, parce qu'elle est indépendante de la longueur des pièces. Si donc il était permis de prendre cette force pour mesure de la tension de chaque ligne carrée de la coupe transversale de la couche supérieure des fibres, supposée d'une ligne d'épaisseur, il est clair que la tension moyenne représentée par T serait, pour le bras de levier $\frac{2b}{3}$, de $102 \times \frac{2}{3} =$ 68 livres ; ou bien, si l'on veut, ce qui est très-permis, pour arriver à la formule ci-dessus, prendre b au lieu de $\frac{2b}{3}$ pour bras de levier, on n'aura qu'à substituer, pour T, $68 \times \frac{2}{3} = 45 \frac{1}{3}$, au lieu de 68. Car

$$P l = T \times a \times b \times \frac{2b}{3} = \frac{2\,T}{3} \times a \times b \times b;$$

et, dans ce cas, la formule deviendra $P l = T a b^2$.

Voyons si, en prenant pour T cette valeur de $45^{\text{liv.}} \frac{1}{3}$, nous arriverons à des résultats conformes à ceux donnés par l'expérience.

Suivant M. Rondelet, une tringle de 2 pouces, ou 24 lignes d'équarrissage sur 24 pouces, ou 288 lignes de longueur entre les appuis, s'est rompue sous une charge de 2304 livres; il faudrait qu'en substituant à la place des lettres leurs valeurs dans la formule $P l = T a b^2$, on trouvât $P = 2304$ livres, et l'on trouve

$$P = \left(\frac{(45 + \tfrac{1}{3}) \times \overline{24}^{3}}{24 \times 12} \right) = 2192.$$

Une autre tringle de 18 pouces, ou 216 lignes de longueur entre les appuis, et de la même grosseur que la précédente, a porté 3105 livres avant de se rompre. La formule donnerait

$$P = \frac{(45 + \tfrac{1}{3}) \times \overline{24}^{3}}{18 \times 12} = 2922 + \tfrac{2}{3}.$$

Dans le premier cas, on trouve 112 liv., ou environ $\frac{1}{20}$ de moins que l'expérience, et, dans le second, 182 liv., ou à peu de chose près $\frac{1}{17}$ de moins.

6. Quant au rapport que donne cette théorie entre les résistances des pièces, il s'accorde parfaitement avec l'expérience ; c'est-à-dire que ces résistances sont dans la raison inverse des longueurs des pièces, et que l'on a

2192 : 2922 + $\frac{1}{7}$ :: 18 : 24 ; mais il n'en est pas ainsi, comme on vient de le voir, relativement à la force de cohésion des fibres, qui d'ailleurs varie selon que les pièces sont plus ou moins longues. Ainsi P étant donné dans les deux cas qui précèdent, on aura, dans le premier cas,

$$T = \frac{P\,l}{a\,b^2} = \frac{2304 \times 288}{(24)^2} = 48 \text{ livres},$$

et, dans le deuxième cas,

$$T = \frac{3105 \times 216}{(24)^2} = 48,50.$$

D'où il suit que la force de cohésion serait moindre, au point de rupture, quand la pièce est plus longue. Ceci fait déjà pressentir la difficulté de trouver une formule qui puisse être, dans tous les cas, l'expression exacte de l'équilibre entre la charge que supportent les bois et leur force de cohésion.

7. Appliquant la formule $P\,l = T\,a\,b^2$ à quelques-uns des résultats donnés par les grandes expériences de M. de Buffon, on trouve que pour une solive de 7 pieds de longueur sur 5 pouces en carré, qui s'est rompue sous une charge de 11570 livres,

$$T = \frac{11570 \times 7 \times \overline{12}^2}{(60)^2} = 54 \text{ livres};$$

que pour une autre de 14 pieds de longueur et de même grosseur,

$$T = \frac{5388 \times 14 \times \overline{12}^2}{(60)^2} = 50,29;$$

et qu'enfin , pour une pièce de 28 pieds de longueur et de même grosseur ,

$$T = \frac{1956 \times 28 \times (12)^2}{(60)^3} = 36,51 ;$$

tandis que, par l'application de la formule sans modification de la quantité T , et en tenant compte de la pesanteur des pièces , on aurait,

Pour la pièce de 7^{pieds}, comme ci-dessus. P $=$ 11570$^{liv.}$
Pour celle de   14   *idem*. . . . . P $=$ 5696
Et pour celle de 28   *idem*. . . . . P $=$ 2710

D'où il suit que les forces de ces pièces ne décroissent pas suivant la progression géométrique inverse de leurs longueurs, premièrement, parce que leurs propres poids s'y opposent, et, en second lieu, par d'autres causes inhérentes à la nature du bois , dont la flexibilité est citée par M. Rondelet comme une des principales.

8. Si , pour chaque pied d'augmentation de longueur, la valeur de T décroissait de la même quantité , ou , ce qui revient au même, si, pour des longueurs croissantes suivant l'ordre naturel des nombres , les valeurs de T correspondantes décroissaient suivant une progression arithmétique , rien ne serait plus facile que de construire une courbe dont les abcisses représenteraient les longueurs successives des pièces de même grosseur , tandis que les ordonnées correspondantes donneraient la mesure de la force de ces mêmes pièces; mais les expériences

qui viennent d'être rapportées ne justifient point cette hypothèse d'une manière complétement satisfaisante, en ce que la courbe tracée d'après les résultats obtenus n'offre ni suite, ni régularité : les ordonnées vont décroissant par subresauts, ce qui prouve que des pièces de même longueur et de même grosseur, prises dans la même bille, peuvent cependant n'être pas capables d'une résistance égale. Il est difficile d'indiquer au juste les causes de ces irrégularités : un nœud de plus ou de moins dans une pièce que dans une autre de dimensions égales suffit pour faire varier de quelque chose la force de ces pièces.

9. Toutefois, si la courbe donnée par l'expérience ne coïncide pas parfaitement avec celle qui résulterait de notre hypothèse, elle n'en diffère cependant, à bien dire, que par les subresauts de ses ordonnées ; et M. Rondelet trouve moyen de la régulariser de manière à ce que ses ordonnées donnent, au milieu des variations qu'indique l'expérience, la mesure moyenne de la force des bois, en faisant décroître la quantité T suivant une progression arithmétique, dont la raison est 0,80 pour chaque pied d'augmentation de longueur, la force absolue étant de 102 livres par ligne carrée.

D'après cela, prenant pour point de départ, parmi les bois de même grosseur, la pièce la plus courte, nommant n le nombre de pieds en sus, et r la raison de la progression, la formule $P l = T\, a\, b^2$ deviendra $P l = a\, b^2\, (T - n r)$. Avec cette formule générale, rien de plus facile que de calculer la force d'une pièce de bois quelconque.

Dans les calculs que l'on voudrait effectuer suivant l'ancien système des poids et mesures, pour obtenir la quantité P, il faudrait exprimer T en livres, l, a et b en lignes. Ainsi, pour une pièce de 10 pieds de longueur sur 5 pouces d'épaisseur et 7 pouces de hauteur, on aurait

$$P = \frac{60 \times \overline{84}^2 \times (54 - 3 \times 0{,}80)}{10 \times 12 \times 12} = 15170 \text{ livres.}$$

Les ordonnées de la courbe (fig. 2) représentent la force des bois de même grosseur pour les longueurs en pieds qui leur correspondent. Nous avons pris, comme ci-dessus, des pièces de 5 pouces d'équarrissage, depuis 7 jusqu'à 28 pieds de longueur. Chaque partie de l'échelle A C représente 1000 livres, et chaque point de division de A B donne le nombre de centaines de livres à ajouter aux poids portés sur AC. Ainsi, ayant trouvé qu'une pièce de 18 pieds de longueur peut soutenir un poids de 3765 livres, portez $d\, e$ de d' en e', et $d'\, e'$ sera une ordonnée de la courbe ; pour une pièce de 14 pieds de longueur et de même grosseur, le calcul donne 5185 livres. Vous portez $f\, g$ de

f' en g', et $f'\,g'$ sera une autre ordonnée de la courbe, et ainsi de suite.

10. Comme il existe une foule de tables indiquant la force des bois, d'après l'ancien système des poids et mesures, et qu'il n'en est point venu à notre connaissance d'après le système métrique, nous avons cru bien faire d'en présenter une qui puisse suffire aux besoins les plus ordinaires. On peut compter sur l'exactitude des calculs; ils ont été faits avec soin, et voici, en peu de mots, comment ils ont été établis :

Prenant pour unité le centimètre de longueur, la ligne est de 0,2255 de centimètre, la ligne superficielle de 0,05085 de centimètre superficiel, et la force absolue qui y répond de 102 livres, ou $52^{kil.}\,02^{c.}$; par conséquent, on trouvera la force absolue, pour un centimètre carré, par cette proportion :

$$0,05085 : 52^{kil.}\,02^{c.} :: 1 : x = 1023^{kil.}$$

Pour avoir la force moyenne correspondante à un centimètre carré, on a

$$102^{liv.} : 54^{liv.} :: 1023^{kil.} : x = 541^{kil.}\,58^{c.} = T.$$

Et enfin, pour avoir la raison de la progression arithmétique qui répond à celle dans laquelle la force moyenne est de 54 liv., et la raison 0,80, on a

$$54 : 0,80 :: 1023 : x = 8,023 = r,$$

pour la mesure métrique correspondante à un pied de longueur.

Avec ces données, rien de plus facile que de dresser des tables pour indiquer, suivant le système métrique, la mesure de la force des bois, au moyen de la formule $P = \dfrac{a\,b^2\,(T - nr)}{l}$.

Il suffit d'un seul exemple, pris au hasard dans l'une des séries dont se compose la table que nous avons dressée, pour montrer ce qu'on aura à faire dans tous les cas où l'on aura besoin de calculer la résistance des bois.

Soit une pièce de $7^{m.}\,48^{c.}$ de longueur, sur 12 centimètres d'épaisseur et 24 centimètres de hauteur.

Substituant, dans la formule, 16 à la place de n, 8,023 à la place de r, et observant que chaque terme de la série de longueurs métriques que présente la table surpasse le précédent d'une quantité équivalente à un pied, on a

$$P = \frac{12 \times \overline{24}^2 \times (541{,}58 - 16 \times 8{,}023)}{748} = 3818 \text{ kil.}$$

11. Jusqu'à présent nous n'avons envisagé la résistance des bois que sous le rapport de la charge qu'ils peuvent avoir à supporter au milieu de leur longueur; mais il arrive souvent que cette charge se trouve à distances inégales des extrémités, et l'on conçoit qu'alors la résistance ne doit plus être la même. Nous allons indiquer le moyen de la déterminer, après

avoir démontré qu'elle est d'autant plus grande que la charge s'éloigne davantage du milieu de la longueur de la pièce, ou, ce qui revient au même, que la résistance de cette pièce, chargée dans son milieu, est moindre que celle dont elle serait susceptible à tout autre point pris à distances inégales de ses extrémités.

Si, dans la formule $P l = a b^2 T$, ou $P = \dfrac{a b^2 T}{l}$, on suppose que la charge P s'éloigne plus ou moins du milieu de la longueur l, il est clair que $\frac{1}{2} P$ diminuera ou augmentera, tandis que $\frac{1}{2} a b^2 T$ ne changera point, parce qu'ici le bras de levier est une quantité constante; et comme, dans le cas où la pièce est chargée au milieu de sa longueur, $\frac{1}{2} P l$ exprime le moment de P, si l'on représente par P' et P'' cette même charge quand $\frac{1}{2} l$ augmente ou diminue d'une fraction m de $l < \frac{1}{2} l$, on aura

$$P' \left(\tfrac{1}{2} l + m l \right) = \tfrac{1}{2} P l, \text{ ou } P' \left(\tfrac{1}{2} + m \right) = \tfrac{1}{2} P,$$
$$\text{et } P'' \left(\tfrac{1}{2} l - m l \right) = \tfrac{1}{2} P l, \text{ ou } P'' \left(\tfrac{1}{2} - m \right) = \tfrac{1}{2} P.$$

De la première de ces deux équations, on tire $P' = \dfrac{P}{1 + 2 m}$, et de la seconde $P'' = \dfrac{P}{1 - 2 m}$; ajoutant membre à membre, il vient

$$P' + P'' = \frac{2 P}{1 - 4 m^2} = 2 P \cdot \left(\frac{1}{1 - 4 m^2} \right)$$

Si l'on fait $m = o$, qui est le cas où $\frac{1}{2} l$ n'est point augmenté, on a $P' + P'' = 2 P$, ainsi que cela doit être. Si l'on fait $m = \frac{1}{2}$, on aura

$$P' + P'' = \frac{2 P}{o} = \infty .$$

Donc, il faut que la fraction m soit comprise entre o et $\frac{1}{2}$; et, dans ce cas, on a toujours $\frac{1}{1-4\,m^2} > 1$, et partant $P' + P'' > 2\,P$.

Appliquons la formule $P' + P'' = 2\,P\left(\frac{1}{1-4\,m^2}\right)$ ou $\frac{1}{2}\,(P' + P'') = P\left(\frac{1}{1-4\,m^2}\right)$ à la pièce de 7,48 de longueur sur 12 centimètres d'épaisseur et 24 centimètres de hauteur, que nous avons trouvée capable de résister à une charge de 3818 kilogrammes dans son milieu, et voyons quelle charge elle pourrait soutenir, si m représentait, par exemple, les $\frac{25}{187}$ de l; on aurait

$$\frac{P' + P''}{2} = 3818\left(\frac{1}{1-4\left(\frac{25}{187}\right)^2}\right) = 4112 \text{ kil.}$$

Si m représentait $\frac{49}{100}$ de l, on aurait

$$\frac{P' \perp P''}{2} = 3818\left(\frac{1}{1-4\left(\frac{49}{100}\right)^2}\right) = 96666 \text{ kil.}$$

12. Il nous reste à dire un mot de la courbure que prennent les bois avant leur rupture. On conçoit que les flèches de ces courbures doivent être d'autant plus grandes que les pièces sont plus longues, et il semblerait assez naturel de penser que, pour des accroissemens égaux dans les longueurs, on devrait obtenir des accroissemens égaux dans les flèches correspondantes ; mais l'expérience ne s'arrange point de cette marche régulière et progressive ; elle donne des flèches qui vont croissant par subresauts, comme les ordonnées de la courbe men-

tionnée (8). On peut toutefois, ainsi que nous l'avons fait relativement à ces ordonnées , trouver une raison arithmétique moyenne qui, entre deux limites données par l'expérience, fera connaître , pour chaque longueur intermédiaire , la mesure approchée de la flèche correspondante; ce qui suffira au but que nous nous sommes proposé.

Ainsi, prenant pour limites , comme dans la table que nous avons calculée , les longueurs $2^{m\cdot}27^{c\cdot}$ et $9^{m\cdot}10^{c\cdot}$, et faisant croître chacun des intermédiaires , à partir de $2^{m\cdot}27^{c\cdot}$, d'une quantité métrique égale à 1 pied, l'expérience donne pour le premier terme 68 millimètres de flèche, et pour le dernier terme 487 millimètres de flèche. Le nombre des termes est de 21 ; donc la raison $=\dfrac{487-68}{20}=21$ millimètres pour chaque $0^{m\cdot}325$, ou 1 pied d'augmentation de longueur.

Si l'on veut avoir la flèche correspondante à l'une quelconque des longueurs intermédiaires, à $7^{m\cdot}48^{c\cdot}$, par exemple , en nommant x cette flèche , on a $x = 68 + 21 \times 16 = 404$ millimètres ; la flèche correspondante à $4^{m\cdot}23^{c\cdot}$ serait $68 + 21 \times 6 = 194$ millimètres ; mais ces résultats , comme nous l'avons dit , ne doivent pas être considérés comme expressions rigoureuses de l'expérience ; ils ne peuvent tout au plus servir qu'à donner de la flexion des bois une idée qui, quoique assez naturelle, s'éloigne cependant plus ou moins de la réalité.

13. Au moyen des notions que nous venons d'acquérir touchant la résistance qu'oppose la force de cohésion des bois aux charges qui tendent à les faire rompre, nous pouvons résoudre la question suivante, dans laquelle se résume tout le système de construction d'escaliers que notre conviction profonde nous fait préférer au système communément suivi, comme étant aussi solide, plus simple, d'une application plus facile et d'une moindre dépense.

Soient (fig. 3) deux poteaux verticaux A, A d'un pan de bois, B, B deux traverses horizontales, assemblées à tenons et mortaises, et embrevées dans ces poteaux comme l'indique la figure ; soient de plus un potelet et une traverse intermédiaires A' et B', et enfin une pièce C, posée horizontalement, comme un levier, entre la traverse inférieure B', sur laquelle elle s'appuie, et la traverse supérieure B, dont la fonction est de résister à une puissance P' telle qu'étant appliquée à l'extrémité g du levier C, elle puisse le faire plier, sur son point d'appui, jusqu'à ce que rupture s'ensuive.

Nous avons à déterminer 1°., d'après l'équarrissage de la pièce C et sa longueur depuis l'extrémité g jusqu'au milieu d de l'épaisseur de la traverse B', le poids dont elle pourrait être chargée au point g avant de se rompre ; 2°. la pression qu'exercera le bras df du levier contre la face inférieure de la traverse B ; 3°. enfin le poids qu'aura à supporter la face supérieure de la traverse B'.

Nommant a l'épaisseur de la pièce C, b sa hauteur, l sa longueur, m la fraction de $l < \frac{1}{2} l$ à ajouter à $\frac{1}{2} l$ pour compléter le bras de levier $g\,d$ (11), et par conséquent à retrancher de $\frac{1}{2} l$ pour avoir la longueur du bras df, on aura, pour répondre à la première partie de la question, $P' = \dfrac{a\,b^2\,T}{4\left(\frac{1}{2}\,l+m\right)}$, qui exprime la moitié de la charge que supporterait la pièce, si sa longueur était de $2\left(\frac{1}{2}\,l+m\right)$.

$\frac{1}{2}\,l - m$ Étant le bras de levier de la pression P'', exercée contre la traverse B, l'équation $P'\left(\frac{1}{2}\,l+m\right) = P''\left(\frac{1}{2}\,l-m\right)$ satisfait à 2°. partie de la question, et donne $P'' = \dfrac{P'\left(\frac{1}{2}\,l+m\right)}{\frac{1}{2}\,l-m}$.

Enfin, la formule $P' + P'' = 2\,P\left(\dfrac{1}{1-4\,m^2}\right)$ dans laquelle $2\,P$ représente la résistance de la pièce C, chargée au milieu de sa longueur, répond à la 3°. partie de la question.

Soit $a = 6$ centimètres, $b = 16$, $l = 129$ centimètres, $m = \dfrac{129}{2} - 15 = 49{,}50$,

La première formule donne

$$P' = \frac{6 \times \overline{16}^2 \times (541{,}58)}{4\left(\frac{112}{2} + 49{,}50\right)} = 1824 \text{ kilogrammes;}$$

La seconde donne

$$P'' = \frac{1824\left(\frac{112}{2} + 49,50\right)}{\frac{112}{2} - 49,50} = 13862 \text{ kil.} ;$$

Et enfin

$$P' + P'' = 2P\left(\frac{1}{1 - 4\left(\frac{421}{1190}\right)^2}\right) = 15686 \text{ kil.},$$

que l'on trouve, soit en ajoutant les valeurs de P' et P'', soit, pour servir de preuve, en substituant la valeur de 2 P, tirée de la formule

$$2P = \frac{a\,b^2\,T}{l} = \frac{6 \times \overline{16}^2 \times 541,58}{129} = 6448.$$

14. En supposant aux traverses B et B' six centimètres d'épaisseur, 8 de hauteur et 40 de longueur, on trouverait que la charge que chacune d'elles pourrait supporter, à 3 centimètres de distance de l'un des poteaux A et A', serait de 70727 kil. Ainsi la force de ces traverses serait plus que quadruple de la pression que la charge de la pièce C exercerait contre la traverse supérieure, et il n'est par conséquent pas nécessaire de leur donner plus de hauteur que d'épaisseur.

15. La valeur que nous venons de trouver pour P', ou le poids dont la pièce C peut être chargée à son extrémité g avant de se rompre, suppose que l'appui du levier n'a d'autre étendue que la ligne de milieu longitudinale de la face supérieure de la traverse B', en contact avec la face inférieure de la pièce C. Or, il est évident que si, au lieu de ne prendre que cette

ligne pour appui, on prend toute la surface de contact de ces deux pièces, la résistance de la pièce C sera plus considérable, et, par conséquent, la valeur trouvée pour P' peut être regardée, théoriquement parlant, comme un minimum ; mais ce minimum étant au moins sextuple de la force dont nous avons besoin, nous ne nous arrêterons point à la recherche de la différence entre la résistance de la pièce C, s'appuyant sur une arête, et cette même résistance, lorsque l'appui présente une surface.

16. La question principale ainsi résolue, il nous reste à examiner si la force de cohésion des bois suffira pour résister aux pressions exercées contre leurs faces de contact. Ici l'action est réciproque, et il est évident que la quantité qui exprime la pression d'une pièce contre une autre se partage également entre ces deux pièces, pour les comprimer et les écraser. Ainsi, par exemple, la charge sur la traverse B' ayant été trouvée de 15686 kilogrammes, la pression exercée contre cette pièce et contre la pièce C, dans l'étendue de leur surface de contact, aura pour mesure 7843 kilogrammes.

Suivant M. Gauthey (*Traité de la Construction des Ponts*, tom. II, p. 44), il faut, lorsqu'une pression est exercée contre la surface d'une pièce de chêne, pour que cette surface ne cède pas sensiblement, que l'effort ne surpasse point 160 kilogrammes par centimètre carré, quand la surface pressée est parallèle aux fibres, et 200 kilogrammes, lorsque cette surface est perpendiculaire aux fibres.

Les pièces **B'** et **C** étant pressées parallèlement aux fibres, et leurs surfaces de contact n'étant que de 36 centimètres carrés, il s'ensuivrait que la pression de chacune d'elles ne devrait pas excéder $36 \times 160 = 4760$ kil., au lieu de 7843; mais nous avons dit (15) (et nous en saurons tout à l'heure la raison) que la valeur trouvée pour P' était au moins sextuple de celle qui nous est nécessaire. Donc aussi la pression résultant de cette valeur est au moins sextuple de celle que nous devons avoir, laquelle ne sera plus par conséquent que de $\frac{7843}{6} = 1307$ kilogrammes; résultat qui, comparé à 4760 kilogrammes, présente une marge aussi vaste et aussi rassurante qu'on la puisse désirer.

17. Supposons maintenant que la pièce **C** n'a d'autre fonction à remplir que de supporter les charges que l'on confie ordinairement à une marche d'escalier, elle sera très-rarement chargée, à son extrémité g, de la 6e. partie du poids de 1824 kilogrammes qu'elle pourrait soutenir avant de se rompre, c'est-à-dire de 500 kilogrammes; et comme, lorsqu'on monte

de lourds fardeaux dans un escalier, il est assez naturel de préférer le milieu de la voie, si l'on fait $l = \frac{129}{2}$ et $m = \frac{64,50}{2} - 15$, dans la formule

$$P' = \frac{a\, b^2\, T}{4\left(\frac{1}{2} l + m\right)},$$ on aura

$$P' = \frac{6 \times \overline{16}^2 \times (541,58)}{4\left(\frac{64,50}{2} + 17,25\right)} = 4201 \text{ kil.},$$

dont le 6e. est de 700 kil. Or, dans les cas infiniment rares où l'on aurait à faire passer un pareil fardeau sur une marche d'escalier, on n'irait certainement pas chercher tout exprès, et sans utilité aucune, l'extrémité aboutissant au vide de l'échiffre, ce que l'on pourrait d'ailleurs faire sans le moindre danger.

18. La flèche de la courbure que prendrait la pièce C, chargée à son extrémité d'un poids de 1824 kil., serait d'environ 68 millimètres, et par conséquent de 12 millimètres, à peu près, pour le 6e. de cette charge; ce qui, sur la longueur de la marche, serait fort peu sensible, et l'on en pourrait facilement tenir compte dans la pose; mais il est une chose plus importante à considérer, et dont il faut également tenir compte. On sait que les variations de l'état de l'atmosphère n'en font éprouver qu'infiniment peu aux dimensions des bois dans le sens de leurs fibres, mais qu'il en est tout autrement dans le sens perpendiculaire à la direction de ces mêmes fibres. Les variations sont ici d'autant plus à re-

douter que les bois qu'on emploie sont moins secs ; et le retrait qu'ils éprouvent en séchant pourrait être assez considérable pour altérer par la suite, d'une manière sensible, la forme et même la solidité des ouvrages. Il est donc bien important de n'employer, surtout dans des constructions de la nature de celles dont il s'agit, que les bois les plus secs, et encore ne peut-on affirmer qu'ils n'éprouveront plus de retrait, mais on sera sûr du moins que les variations de leur équarrissage se réduiront à fort peu de chose. Toutefois, on doit les prévoir et y parer d'avance. Ainsi, en supposant, ce qui est beaucoup, que les traverses B et B' diminuent de hauteur chacune d'un millimètre, et que la pièce C diminue de hauteur de 2 millimètres, cela ferait en tout 4 millimètres, dont la charge de l'extrémité g ferait hausser l'autre extrémité de la pièce ; par conséquent, cette pièce ne serait plus de niveau, et il résulterait, sur la longueur de la marche, une pente que donne le 4e. terme de la proportion 20 : 4 :: 109 : 22 millimètres. Ainsi, dans la crainte que les bois que l'on doit employer ne soient plus secs en apparence qu'en réalité, on fera toujours bien de donner à chaque marche deux ou trois centimètres de pente du vide de l'échiffre au mur de la cage ; ou, en d'autres termes, de poser chaque marche de manière que son extrémité, sur l'échiffre, s'élève de 2 ou 3 centimètres au-dessus du plan horizontal qui passerait par son autre extrémité; et si cette pente ne disparaissait pas peu à peu, par la suite, pour ramener le plan de chaque marche à l'horizontal, l'œil en serait toujours moins choqué que de celles de 6, 8 et jusqu'à 10 centimètres que l'on remarque journellement dans des escaliers montés sur limons et faux-limons; en sorte que si l'on peut dire qu'il n'y a pas possibilité d'éviter complétement l'inconvénient de ces pentes, parce qu'il est en quelque sorte inhérent à la matière que l'on met en œuvre, on peut aussi affirmer sans crainte, ce me semble, qu'entre les moyens à employer pour y parer, celui que nous indiquons ne peut être considéré comme l'un des moins efficaces.

EXPOSITION

DU SYSTÈME ET DES PROCÉDÉS GRAPHIQUES TRÈS-SIMPLES
QU'EXIGE SON APPLICATION.

CHAPITRE Ier.

Des Escaliers réguliers.

19. Ces escaliers peuvent être exécutés de deux manières : 1°. en formant chaque degré de deux pièces, l'une posée de champ, qu'on appelle *contre-marche* ou *sous-marche*, et l'autre la *marche* proprement dite, ou le *giron*, posée à plat sur cette contre-marche, à laquelle, comme à celle qui la suit immédiatement, elle se trouve étroitement unie par des vis à bois, de manière que sa face supérieure soit horizontale ; 2°. en formant chaque degré d'une seule pièce qui présente à la fois la contre-marche, le giron et la partie correspondante de la surface continue du plafond. Mais attendu que ces escaliers à marches massives coûteraient beaucoup plus cher que les autres, sans que leur solidité fût sensiblement supérieure, nous nous attacherons principalement aux premiers, sans négliger toutefois d'indiquer comment il faudra procéder, quand on jugera à propos de donner

la préférence aux seconds, malgré la différence du prix.

20. La planche 1re. présente le plan de l'un des étages d'une maison d'encoignure et sa façade principale. Ici l'escalier est éclairé par de grands châssis vitrés placés sur le toit, de manière à distribuer les rayons lumineux aussi uniformément et également que possible du haut en bas de la cage, qui est demi-circulaire dans toute l'étendue de l'emmarchement. Elle pourrait être formée, comme nous avons eu déjà occasion de le dire, soit par un mur plein, soit, lorsqu'on manque d'espace pour satisfaire à certaines exigeances de la distribution, par un pan de bois, soit même, dans quelques cas, en partie par un mur plein et en partie par un pan de bois, pourvu que celui-ci repose sur le même massif de fond que le mur ; mais il faudra toujours préférer le mur plein tant qu'on aura la faculté de choisir, 1°. parce que le prix de ce mur plein n'est pas aussi élevé que celui du pan de bois avec sa maçonnerie de remplissage ; 2°. parce que le retrait qu'éprouvent en séchant les poteaux et traverses fait souvent gercer et fendre les enduits qu'on applique sur leurs faces de parement, malgré les précautions que l'on prend pour éviter cet inconvénient ; 3°. enfin, parce qu'indépendamment de ce que le mur plein offre plus de solidité que le pan de bois.

il simplifie considérablement le travail du charpentier ou du menuisier, quant à ce qui est relatif à l'escalier, sans ajouter autre chose à celui du maçon que la sujétion de poser, pour chaque marche, en montant son mur, deux pierres de niveau, à des hauteurs qui lui sont données sur une tringle graduée, et une d'aplomb, à la distance marquée sur un gabari posé horizontalement contre le mur de la cage.

21. Dans le plan que nous avons sous les yeux, la cage de l'escalier est formée par un mur plein, qui présente un demi-cylindre creux. Nous allons indiquer la manière de procéder au tracé et à la construction de l'escalier qui convient à cet emplacement, dont l'étendue doit toujours répondre à l'importance de l'édifice et se déterminer comme suit :

On divise d'abord la hauteur d'étage, c'est-à-dire la distance verticale entre le point de départ d'un étage et le point d'arrivée à l'étage supérieur, par la hauteur que l'on veut donner à chaque degré pour que la montée soit commode. Le quotient fera connaître le nombre de degrés de l'étage ; mais comme il arrive souvent que ce quotient n'est point un nombre entier, si la fraction qui le complète excède $\frac{1}{2}$ ou 0,50, il sera mieux d'ajouter un degré à ceux trouvés que de répartir entre eux cette différence, ainsi qu'on pourra le faire lorsque cette fraction sera moindre que 0,50. Au reste, il suffira, pour éviter cette fraction, de bien arrêter d'avance la hauteur d'étage, en la faisant égale à un nombre déterminé de degrés multiplié par leur hauteur commune, et de veiller attentivement à ce que les poutres soient posées de manière à ne point faire varier ces données. Ainsi, par exemple, 20 degrés de $0^m 17^c$ donnent une hauteur totale de $3^m 40^c$ pour l'étage, y compris la hauteur des poutres et l'épaisseur du plafond. Si cette hauteur d'étage est en harmonie avec la destination de mon édifice, je m'en tiens là ; et, s'il s'agit du premier étage, je fais placer les bois de charpente des planchers de manière qu'il y ait très-exactement $3^m 40^c$ du dessus des poutres de ce premier étage au-dessus de celles du deuxième. Je serai bien certain alors que chaque degré n'aura ni plus ni moins que $0^m 17^c$ de hauteur.

22. Le nombre de degrés de l'étage étant ainsi arrêté, on sait qu'il y a autant de marches, moins une, que de degrés, attendu que le palier d'arrivée à l'étage supérieur ne figure point comme marche, quoiqu'il en fasse fonction. Il faut présentement donner à l'espace que doivent occuper ces marches une étendue telle que chacune ait une largeur suffisante, ou assez de giron pour que le pied s'y puisse placer avec le plus d'aisance possible ; or, quand il s'agit d'un escalier

d'une seule volée et demi-circulaire, comme celui qui nous occupe en ce moment, l'idée de compter la largeur de la marche au milieu de sa portée vient assez naturellement se présenter. Il faut donc que la demi-circonférence moyenne, entre celle du mur de la cage et celle du vide de l'échiffre, ait un développement tel que le giron de chaque marche, au milieu de sa longueur, ne soit guère au-dessous de 24 centimètres, dimension qui, avec la saillie du profil de l'astragale, donnerait à peu de chose près 28 centimètres, giron suffisant pour rendre la fréquentation de l'escalier aussi sûre que facile.

Le nombre des marches de l'étage étant de 19, la demi-circonférence moyenne sera de $19 \times 24 = 4^{m} \cdot 56^{c}$, son diamètre $2^{m} \cdot 95^{c}$; et, par conséquent, si nous donnons un mètre de longueur aux marches, depuis le mur de la cage jusqu'au garde-corps, il faudra que la base du demi-cylindre creux formé par ce mur ait $3^{m} \cdot 95^{c}$ de diamètre, et que le vide de l'échiffre ait $1^{m} \cdot 95^{c}$.

25. Maintenant voici en quoi consiste le tracé de l'épure de notre escalier et sa façon :

Tirez une droite indéfinie A B (fig. 4), sur une plate-forme ou un plancher dont la surface n'ait point de gauche ; du point C, comme centre, et d'un rayon égal à $\frac{2,95}{2} = 1^{m} \cdot 475^{mil}$, décrivez la demi-circonférence D E F : elle devra

contenir 19 fois une ouverture de compas égale
à 24 centimètres. Si l'on n'arrivait pas juste du
premier coup, il ne pourrait se trouver qu'une
très-petite différence en plus ou en moins, que
l'on diviserait en 19 parties égales, et l'on augmenterait ou diminuerait l'ouverture de compas de l'une de ces petites parties.

Cette première demi-circonférence, ou ligne
d'axe de la rampe, étant ainsi divisée, décrivez,
d'un rayon égal à $\frac{1,95}{2} = 0,975$, la projection
G H I du vide de l'échiffre ; puis, d'un rayon
égal à $\frac{3,95}{2} = 1,975$, la demi-circonférence KLM
que forme la section horizontale du mur de la
cage ; et, enfin, d'un rayon égal à $2^{m} 175^{mil}$, la
demi-circonférence NOP, qui détermine la partie de la longueur de chaque contre-marche
engagée dans le mur : ici c'est 20 centimètres.

Par les points de division a, a, a......,
de D E F, et par le centre C, menez les indéfinies $b b$, $b' b'$, $b'' b''$......; ces lignes seules
forment à bien dire, avec les courbes décrites,
toute l'épure de l'escalier ; et l'on doit ajouter
même que, toutes les fois que l'on aura une
régularité parfaite, comme dans le cas présent,
deux consécutives de ces lignes, avec les arcs
interceptés, suffisent pour exécuter le travail
de manière à ce qu'il n'y ait plus qu'à le monter
en place. C'est là l'épure réduite à sa plus simple
expression. La partie de chacune des indéfinies

$b\,b$, $b'\,b'$, $b''\,b''$........, comprise entre les courbes G H I, N O P, détermine la longueur des pièces de contre-marches et leur position respective. Ici elles sont évidemment toutes d'égale longueur. En leur donnant 6 centimètres d'épaisseur, on aura la certitude, d'après les calculs et les notions dont nous avons fait précéder ce chapitre, d'obtenir une résistance supérieure à toutes les charges auxquelles l'escalier pourra être soumis, tant que ses véritables fonctions seront respectées; car si, pour élever de très-lourds fardeaux par le vide de l'échiffre, il prenait fantaisie à l'un des habitans de la maison de braquer un palan à l'extrémité de l'une des marches, on ne pourrait certainement répondre que la réalisation d'une idée si bizarre et si peu réfléchie n'aurait pas de suites fâcheuses pour l'escalier; mais on peut se rassurer sur les dangers que de tels actes feraient courir à la stabilité des escaliers, par l'opposition puissante que rarement ils manqueraient de rencontrer.

Les lignes $b\,b$, $b'\,b'$, $b''\,b''$........ représentent le parement de face des contre-marches, et leurs parallèles $c\,c$, $c'\,c'$, $c''\,c''$....... leur parement de revers.

La position de deux contre-marches consécutives étant donnée, la forme et l'étendue de chaque marche le sont aussi par cela même; il

n'y a que la saillie de l'astragale à ajouter à l'espace compris entre les lignes de face des contre-
marches, et deux centimètres pour la languette
d'assemblage de la marche avec la sous-marche
suivante, à laquelle il faut l'unir étroitement
(fig. 5) et la serrer au moyen de trois vis à
bois et à tête fraisée, de 9 à 10 centimètres de
longueur; deux de ces vis doivent être placées
à un décimètre environ des extrémités de la
marche, et la troisième vers le milieu. Il faut
aussi trois vis pour fixer et serrer fortement la
marche sur la contre-marche inférieure; mais
comme une épaisseur de 4 centimètres est suffisante pour les marches, il ne sera pas nécessaire d'employer des vis de plus de 7 à 8 centimètres de longueur.

La longueur des marches est limitée par les
deux courbes G H I, K L M; mais outre qu'en
terminant chacune d'elles, sur le vide de l'é-
chiffre, par un demi-cercle, ainsi que l'indique
la figure, on obtient une forme de feston qui
se projète assez agréablement à l'œil, il en
résulte encore l'avantage de pouvoir donner au
garde-corps un point d'appui aussi solide qu'heu-
reusement placé, au centre de chacun de ces
demi-cercles.

Ainsi, en résumé, l'ouvrier aura tout disposé, tout préparé pour monter un étage de
son escalier, quand il aura travaillé 1°. 19

contre-marches égales, de 1ᵐ· 20ᵉ· de longueur chacune, coupées à leurs extrémités sur les courbes G H I , N O P, et portant l'équarrissage indiqué fig. 5 , ainsi que la rainure pratiquée sur un mètre de longueur , à partir de l'échiffre ; 2°. 19 marches égales , coupées sur l'une quelconque *d e f g h* de celles que présente l'épure, et qui comprend , dans sa largeur, celle de la languette d'assemblage avec la contre-marche et la saillie de l'astragale portée à 4 centimètres, dans la coupe transversale faite au milieu de la longueur de la marche (fig. 5).

On voit d'après cela qu'il n'est guère possible de rien concevoir de plus simple que ce mode de tracé et d'exécution , pour obtenir des escaliers d'une grande élégance et dont la légèreté n'exclut cependant pas la solidité , qualité la plus essentielle et qui doit primer toutes les autres.

24. Maintenant il faut s'occuper des dispositions qui doivent précéder la pose , la rendre prompte, facile et sûre. Ici il ne faut qu'être attentif et exact ; car, pour des difficultés , il n'y en a pas l'ombre.

Prenez d'abord une tringle Y Z (fig. 4) d'une longueur égale à la hauteur de votre étage ; divisez-la en 20 parties égales , et menez par tous les points de division, perpendiculairement à la longueur de la tringle, des lignes transversales : chacune d'elles marquera le dessus d'une contre-marche, à partir du n°. 1 et jusqu'au n°. 20, où se trouve la solive palière, faisant fonction de contre-marche.

Faites ensuite, sur votre épure, avec des feuilles de 15 millimètres d'épaisseur, un gabari demi-circulaire (fig. 6), sur lequel vous tracerez toutes les lignes d'arrière ou de revers de vos contre-marches, en les numérotant de 1 à 20, comme vous avez numéroté la tringle, depuis la première contre-marche jusqu'à la dernière. Vous aurez ainsi, pour chaque numéro de la tringle, un numéro correspondant sur le gabari. Comme celui-ci doit servir pour tous les étages, il est nécessaire que les lignes de revers des contre-marches y soient représentées autrement que par de simples traits, qui pourraient facilement s'effacer et disparaître. Il faudra donc les marquer par de petites tringles dressées du côté $c\,c$, $c'\,c'$, $c''\,c''$ . . . . ., qui doit coïncider avec elles.

Cette tringle et ce gabari sont les deux guides de l'ouvrier maçon chargé de préparer la place que doit recevoir chaque contre-marche. Ils ne peuvent ni l'égarer, ni lui causer beaucoup de retard, pour peu qu'il soit attentif à les suivre.

25. Le gabari se place horizontalement, une fois pour chaque étage, à la hauteur du dessus des poutres de l'étage inférieur. Outre son concours à la détermination de la position de cha-

que contre-marche, il sert encore de guide,
dans la construction du mur, aux ouvriers qui
doivent en suivre ponctuellement la courbure,
de manière que toutes les lignes verticales partant de sa circonférence touchent dans toute sa
hauteur, et sans les couper nulle part, la surface
du demi-cylindre creux. Bien que la contre-
marche n°. 1 repose sur un grain d'orge B (fig. 7),
profilé en forme de talon renversé et fixé au
moyen de vis à bois contre la solive palière C,
elle sera cependant engagée dans le mur comme
les autres. Sa face inférieure reposera sur une
pierre de 25 à 30 centimètres de longueur en
tête ; de 12 à 15 centimètres de hauteur, et de
30 à 40 centimètres de queue. Cette pierre sera
posée de manière que son parement de tête,
seulement ébauché, fasse partie de celui du mur
de la cage ; que sa face supérieure, bien dégauchie et dressée, soit parfaitement de niveau,
et à la hauteur marque *o* sur la tringle. Le mur
étant arrasé à cette hauteur, on prendra une
autre pierre de 25 à 30 centimètres de longueur
sur 15 à 20 centimètres de largeur, et d'une
hauteur égale à celle des contre-marches. Elle
devra être posée sur la précédente, de manière
que son lit supérieur soit de niveau avec la ligne
n°. 1 de la tringle ; que sa tête, comme celle de
la première, fasse partie du parement du mur,
et que sa seule face, bien dégauchie et dressée,

celle qui doit être en contact avec la face de revers
de la contre-marche, se trouve dans le plan vertical
passant par la ligne cc du gabari ; ce que l'on ob-
tiendra très-promptement en posant une règle
à plat sur la première pierre posée, après avoir
déterminé préalablement, au moyen du plomb,
le point de cette pierre qui répond au n°. 1 du
gabari ; car alors il n'y a plus qu'à faire tourner
la règle autour de ce point, du côté que l'œil
indique, jusqu'à ce qu'elle se confonde parfaitement avec la ligne cc, puis tracer sur la première pierre, et poser la deuxième suivant cette
trace. Après avoir arrasé le mur au niveau de
cette deuxième pierre, et laissé le vide convenable
à l'emplacement et à la pose de la contre-marche,
il nous reste une troisième pierre à poser : celle-
ci doit être de dimensions à peu près pareilles à
celles de la première pierre posée. Son parement,
au lieu d'être en dessus, doit se trouver en dessous, pour recevoir le contact de la face supérieure de la contre-marche, à 10 centimètres
environ en retraite du parement du mur.

26. Mais, pour rendre plus sensible le procédé à suivre, et le généraliser, nous allons
prendre une contre-marche quelconque, la 10ᵉ.,
par exemple. Nous supposons ainsi que tout
est préparé et arrasé jusqu'au niveau de la 9ᵉ. ;
par conséquent, la pierre qui doit recevoir la
10°. contre-marche est en place : c'est celle *hikl*

(fig. 4), qui est de niveau avec le n°. 9 de la tringle. Pour compléter l'emplacement de cette 10°. contre-marche, faites tomber le plomb sur le n°. 10 du gabari, et marquez le point *g* sur l'arête *ik* de la pierre *hikl*; ensuite posez une règle à plat sur cette pierre et faites-la tourner autour du point *g*, jusqu'à ce qu'elle se confonde parfaitement avec la ligne $c^x c^x$, passant par le n°. 10 du gabari; puis tracez le long de la règle sur la pierre *hikl*, et enfin posez, suivant cette trace, la pierre *mnop*, de manière que son arête *n p* soit bien d'aplomb, et que sa tête *mnop* fasse partie du parement circulaire du mur de la cage. Ayant arrasé votre mur au niveau du lit supérieur de cette pierre, en observant de laisser, pour loger la contre-marche, un vide plus large de cinq à six centimètres que n'exige son épaisseur, vous poserez votre troisième pierre, comme couverture, son parement en dessous et sa tête à 10 centimètres en retraite du parement du mur : c'est celle marquée *q r s t*. Le vide laissé, indépendamment de l'épaisseur de la contre-marche, a pour objet de faciliter les moyens de rectifier, dans la pose des bois, les petites errreurs dont on pourrait s'apercevoir dans la maçonnerie. Ce que nous disons touchant la 10°. contre-marche peut évidemment s'appliquer à chacune des autres, et par conséquent il est inutile d'insister là-dessus davantage. Seulement nous recommanderons , pour ne point faire éprouver de retards aux maçons, de tenir toujours une certaine quantité de pierres préparées d'avance pour les emplacemens des contre-marches dans l'épaisseur du mur.

Le mur de la cage étant ainsi monté et disposé, la tâche principale du maçon est terminée, et celle du charpentier va se réduire à peu de chose. Voici en quoi elle consiste :

27. Les marches et contre-marches sont préparées ; il ne s'agit plus que de les mettre en place , et ici le gabari va encore nous servir. La première contre-marche doit d'abord être posée de manière à ce qu'elle porte sur le grain d'orge B en même temps qu'elle se trouve engagée de 20 centimètres , comme levier , entre la pierre sur laquelle elle repose , par sa face inférieure et celle plus reculée, contre laquelle s'appuie sa face supérieure , et que son parement de revers s'applique bien contre le parement de la pierre interposée. Dans cet état, il faut que ce parement de revers de la contre-marche tombe d'aplomb sur la ligne n°. 1 du gabari. S'il n'en était pas ainsi, il ne pourrait se trouver qu'une très-petite différence , que l'on ferait disparaître en appuyant légèrement comme pour rapprocher ou éloigner la contre-marche de l'arête verticale du parement de contact, et on la fixerait , une fois sa position bien déterminée.

Passant ensuite à la contre-marche n°. 2, on la posera comme la première, engagée de 20 centimètres dans le mur, à partir de la courbe du gabari, entre la pierre inférieure sur laquelle elle s'appuie et celle supérieure qui s'oppose à ce que la charge puisse la faire basculer, et où toute la résistance se trouve concentrée. Le parement de revers de cette 2°. contre-marche étant appliqué contre celui de la pierre interposée devra se trouver exactement dans le plan passant par la ligne n°. 2 du gabari; ce que, d'un coup-d'œil, on pourra juger immédiatement; et, si l'on n'arrivait pas tout à fait juste, on aurait recours au moyen de rectification très-simple que nous venons d'indiquer.

28. Nous avons dit (18) que, pour parer au retrait et à la flexibilité des bois, choses qui pourraient par la suite déranger le niveau des marches, il serait bon de leur donner une pente de 2 à 3 centimètres, depuis le vide de l'échiffre jusqu'au mur de la cage; mais comme la première contre-marche se trouve liée à la solive du palier de départ, et que la dernière n'est autre que la solive même du palier d'arrivée, on conçoit que le retrait du bois et sa flexibilité sont sans influence relativement à ces contre-marches extrêmes, et qu'ainsi il ne peut être question ici que de celles intermédiaires, auxquelles nous proposons de donner 2 centimètres

de pente vers le mur de la cage , excepté cependant la deuxième et l'avant-dernière , ou la 19ᵉ., que nous poserons avec un centimètre de pente seulement , afin de rendre moins sensible le gauche résultant de cette pente dans le plan de la première marche et de la dernière.

29. Pour assujétir les contre-marches , une fois leur position bien déterminée , comme il vient d'être dit , il sera bon de préparer d'avance de petits coins en chêne bien sec , de 7 ou 8 millimètres d'épaisseur à la tête , sur 10 centimètres de longueur et 6 ou 7 centimètres de largeur. Ces petits coins , introduits et percutés entre la face supérieure de la contre-marche et le parement de contact de la pierre qui la recouvre , ont pour objet de serrer fortement la pièce , et s'ils ne suffisaient pas pour l'élever de manière à lui donner la pente voulue , on y arriverait sur le champ en introduisant un pareil coin entre la face inférieure de la pièce et la pierre sur laquelle elle s'appuie.

30. Ayant posé , coincé et assujéti , sans les sceller encore , les deux premières contre-marches comme il vient d'être dit , on procédera de la même manière pour toutes les autres , et , une fois au haut de l'étage , on s'occupera de la pose de marches , si toutefois on ne préfère pas monter le tout simultanément , car on est par-

faitement libre, et l'on arrivera, je crois, aussitôt au but par une voie que par l'autre.

Nous avons suffisamment indiqué (23) la manière d'assembler et de lier les marches avec les contre-marches, il n'est donc pas nécessaire de nous y arrêter davantage. Seulement nous ferons observer qu'une rainure de 4 centimètres de profondeur doit être pratiquée dans la solive du palier d'arrivée, pour recevoir la dernière marche qui, par conséquent, doit avoir deux centimètres de largeur de plus que les autres, et cela parce qu'elle doit être fortement unie à cette solive au moyen de trois vis à bois posées en dessous, à 15 millimètres de son arête inférieure, et d'une longueur suffisante pour traverser et la partie de la solive en contre-bas de la rainure, et l'épaisseur de la marche qui remplit cette même rainure.

Nous ferons encore observer que si les planchers ont moins d'épaisseur que les marches de l'escalier, chaque solive de palier d'arrivée devra être refouillée sur 4 centimètres de largeur et une profondeur égale à la différence des marches et des planchers, pour recevoir l'astragale de la dernière marche, ou marche palière, qui ne doit pas être différente de celle des autres marches. Le refouillement et l'astragale s'arrêteront contre la tête de la première contre-marche de l'étage suivant.

31. Après l'achèvement de la mise en place des bois, le maçon procédera au scellement des contre-marches. Cette opération devra être faite avec soin, et il faudra interposer une feuille de chêne entre la maçonnerie fraîche et chaque contre-marche, puis serrer de nouveau, au moyen de petits coins en chêne.

32. Quant à la rampe de l'entresol, on prendrait, pour la hauteur des marches, un terme moyen entre celles du rez-de-chaussée et celles du premier étage ; et comme il y aurait nécessairement deux, trois ou même quatre marches de moins dans la rampe, on donnerait à la dernière contre-marche L M (fig. 8) autant d'épaisseur que de hauteur, car elle fonctionnerait alors comme solive palière, et l'on assemblerait, à tenons et mortaises, dans cette pièce et dans la solive palière principale N O, deux traverses M N, L O, qui affleureraient en dessus et en dessous, et qui serviraient à recevoir le plancher de la partie de palier L M N O qui viendrait se raccorder avec le plancher du palier principal.

33. Enfin nous dirons, avant de passer à l'indication des procédés à suivre pour construire les escaliers en marches massives d'après notre système, qu'il serait bon de faire décroître les hauteurs d'étages de 10 à 15 centimètres à mesure qu'on s'élève. Nous n'avons point la prétention de donner ici un conseil nouveau ; mais

le rappeler n'est pas hors de propos , car il est bien évident qu'en faisant ainsi décroître les hauteurs d'étages, et conservant toujours le même nombre de marches, ainsi que cela doit être, hors les cas exceptionnels, comme celui que nous venons de citer, on se trouvera soulagé d'avoir à franchir des pas d'autant plus courts qu'on s'élèvera davantage.

34. Il nous reste à montrer sommairement de quelle manière il faudra procéder quand, au lieu d'avoir à former chaque degré de deux pièces, il sera exigé de n'employer qu'une seule pièce massive, coupée de telle sorte que sa face inférieure entre comme partie intégrante dans la surface gauche et continue du plafond de l'escalier.

Ici, comme dans le cas précédent, tracer une seule marche, c'est les tracer toutes, puisqu'elles sont toutes égales , et voici comment il faut opérer :

Ayant tracé les lignes de contre-marches A B, C D, E F...... (fig. 9), prolongez indéfiniment, vers X , la ligne C D ; puis, en quelque point H de la droite C D X , menez H I perpendiculaire à C D X et égale à D F , et faites H G égale à la hauteur de marche ; par les points G et I , tirez l'indéfinie K L : cette ligne donne exactement le rampant de votre plafond contre la paroi de la cage. Chaque marche doit recouvrir sa précédente de trois centimètres au moins, et la joindre par une coupe telle que l'indique la figure. La distance du point G au plafond est portée ici à 8 centimètres. L'inspection de la figure suffit pour montrer qu'il y aura d'autant plus d'économie sur le bois que cette distance sera moindre ; mais on ne peut guère la réduire au-dessous de 8 centimètres , attendu qu'il ne resterait pas assez de bois pour que l'on pût suffisamment compter sur l'efficacité des goujons en fer qui doivent relier les marches et maintenir leur affleurement en dessous. Donc, à 8 centimètres du point G , menez M N parallèle à K L ; puis , des points O et P , menez O R et P Q, perpendiculaires sur M N , et profilez l'astragale S T , vous aurez très-exactement les coupes de votre marche contre la paroi de la cage ; en sorte que le rectangle Z V T Y vous donne juste l'équarrissage de la pièce dans cet endroit.

Quant aux coupes et à la grosseur de cette même pièce à l'autre extrémité , on procède absolument de la même manière pour y arriver.

Menez H' I' perpendiculaire à C D X et égale à E C, et faites H' G' = H G ; par les points G' et I', tirez l'indéfinie K' L'. Cette ligne détermine le rampant du plafond contre le vide de l'échiffre ; et comme le point G' doit être à la même distance du plafond que le point G , menez à cette distance l'indéfinie M' N' parallèle à K' L' ; puis prenez V' Z' = V Z et menez Z' Y' parallèle à V' T'. Le point Q' , où Z' Y' coupe M' N', étant joint au point P', vous donne la ligne de jonction de votre marche avec la précédente, et la parallèle R' O' à Q' P' détermine aussi sa coupe de jonction avec celle qui la suit. Donc, en profilant l'astragale S' T' , vous aurez juste la grosseur de la pièce et ses coupes dans le rectangle Z' V' T' Y'.

35. En rapportant sur le plan ou projection horizontale de l'escalier, H V de D en V'' et H' V' de C en V''', puis H T de D en T'' et H' T' de C en T''', et tirant enfin les droites V'' V''', T'' T''', qu'il faut prolonger jusqu'à la rencontre de l'arc *a a'* qui détermine la saillie de l'astragale, au bout des marches , sur le vide de l'échiffre, on aura très-exactement la forme et l'étendue horizontale *a a'* T'' V'' de la pièce qui contient la marche et ses coupes , sans y comprendre sa partie engagée. Il faut que la face horizontale supérieure soit bien pleine et parfaitement dressée entre les lignes T O et T' O', et jusqu'à l'extrémité qui correspond à la ligne *a a'* de saillie de l'astragale ; il faut en outre qu'après avoir dressé les trois autres faces, c'est-à-dire les deux faces verticales V V' Z Z' , T T' Y Y' et la face horizontale inférieure Z Z' Y Y', les défournis ou flâches que peut présenter la pièce soient en

dehors des coupes et laissent intacts les points
G, Q, R; G', Q', R'.

Nous engagerons chaque marche de deux décimètres dans le mur, comme dans le cas où les
marches sont formées de deux pièces. Nous dirons ci-après comment il faudra procéder pour
préparer l'emplacement de chaque marche dans
le mur en le construisant. Nous avons à nous
occuper pour le moment du tracé des coupes;
mais auparavant nous devons faire remarquer
que la partie engagée de la marche ne peut l'être
sur toute sa largeur, attendu que, s'il en était
ainsi, les emplacemens ménagés en montant le
mur pour loger les marches formeraient un
vide continu d'où résulterait que toute la partie
supérieure du mur porterait à faux; ce qu'il
importe d'éviter avec grand soin, et il n'est rien
de plus facile, car il n'y a nulle nécessité que la
marche soit engagée sur toute sa largeur. Il suffit
qu'elle le soit dans sa partie la plus résistante,
comme l'indique le rectangle $m\,n\,\mathrm{T}\,\mathrm{Y}$, qui représente ici la coupe transversale de la partie
engagée de la marche, et, par ce moyen, il res-
tera 10 centimètres de maçonnerie de parement
entre cette marche et celle qui la précède ou qui
la suit, comme on le voit dans la figure. Ainsi,
après avoir équarri la pièce et dressé ses faces
comme il vient d'être dit, on tracera en dessus
et en dessous l'entaille $\varphi''\,i\,l$, et l'on coupera à la

scie, suivant les lignes $v'' i$, $i l$, de manière que les coupes ou sections soient bien verticales et sans gauche; enfin, on enlèvera le petit coin $q r$ T'', pour que la pièce puisse être facilement introduite à sa place et que l'on ait la faculté de la faire tourner un peu pour y faire entrer le goujon en fer que porte la précédente marche, et dont la destination est de lier l'une à l'autre et de les maintenir d'affleurement, à environ 15 centimètres du vide de l'échiffre.

36. Ayant ainsi disposé la pièce, il ne reste plus que ses coupes à tracer, et l'on voit déjà, par la figure, qu'il n'y a pas la moindre difficulté.

Vous portez, à partir de l'arête TT', sur la face supérieure de la pièce, suivant T'' V'', la distance TO de T en O, et suivant T''' V''', la distance T' O' de T' en O'; vous joignez $o o'$; vous portez ensuite, sur la face inférieure, Y Q de Y en Q et Y' Q' de Y' en Q', et vous joignez Q et Q'; puis portant, à partir de l'arête VV', sur la face verticale VV' Z Z', VR de V en R et V' R' de V' en R', et joignant R, R', les deux lignes Q Q', R R' et les deux R Q et R' Q' déterminent exactement la coupe inférieure de la marche et la portion correspondante du plafond.

Pour obtenir les coupes de joints et de recouvremens, vous n'avez autre chose à faire que de

retourner R O et Q P d'équerre sur Q R, jusqu'à la rencontre de T V et de P G, puis joindre
R' O' et Q' P' : vous aurez ainsi deux surfaces
gauches R O R'O', Q P Q' P' parfaitement égales
et qui, taillées suivant ces lignes, ne pourront
manquer de coïncider entre elles, et de rendre
par conséquent les marches bien jointives.
Quant au refouillement de la pièce, pour obtenir l'astragale, comme il n'y a nulle difficulté,
nous ne nous y arrêterons pas.

37. Il ne s'agit plus, pour compléter ce que
nous avons à dire sur ce mode de construction
d'escaliers, que d'indiquer la manière de préparer l'emplacement de chaque marche en
montant le mur de la cage; et comme il importe d'apporter en cela beaucoup de soin et
d'exactitude, nous n'avons rien de mieux à
faire que de recourir encore à la tringle et au
gabari. Ce sont les meilleurs guides que l'on
puisse donner aux maçons; mais on conçoit
que les lignes à tracer sur cette tringle et sur
ce gabari ne doivent plus l'être précisément
comme dans le cas où il n'y a que des contre-
marches à poser et sceller. C'est bien toujours
le même principe que l'on suit, c'est-à-dire
qu'il faut diviser la tringle, qui doit être pro-
menée verticalement en autant de parties égales
qu'il y a de marches; mais ici chaque ligne
transversale, au lieu de marquer le dessus d'une

contre-marche, indiquera le dessus d'une marche. On divisera aussi le gabari, à partir de la ligne de saillie de l'astragale de la première marche, en autant de parties égales, 1-2, 2-3...... qu'il y a de marches; on le posera bien de niveau contre le mur de la cage et de manière que sa courbe remplisse bien exactement toute l'étendue de l'emmarchement, depuis la première marche jusqu'à la solive du palier d'arrivée. Cela fait, on posera la pierre qui doit recevoir la partie engagée 1. dgh de la première marche, en contre-bas du n°. 1 de la tringle, de toute l'épaisseur mn du bois; puis, lorsque cette pierre sera arrasée, on posera celle **T"** dg de manière que son parement dg se trouve à 10 centimètres en avant du n°. 2 du gabari, et soit bien perpendiculaire sur la courbe; on posera encore immédiatement la pierre qui doit recevoir la partie engagée ilq**T"** de la marche n°. 2, à la hauteur **ZY**. On arrasera celle-ci, du côté du n°. 3, jusqu'au niveau de **ZY**, et, du côté du n°. 1, jusqu'au niveau de **PG**; ensuite on posera, à 10 centimètres en retraite du parement du mur, la pierre qui doit recouvrir d'un décimètre la marche à son extrémité engagée; mais il faudra laisser environ un centimètre de jeu entre cette pierre et le dessus de la marche, pour faciliter l'introduction du goujon en fer qui doit lier la première marche à la deuxième, à 12 ou 15 centimètres du vide de l'échiffre, et ce centimètre de vide sera rempli ensuite par des coins en chêne bien sec et fortement serrés. On voit qu'il faut maintenant poser la pierre 3 *il* sur celle qui vient d'être arrasée pour recevoir la deuxième marche, poser contre elle la pierre qui doit recevoir la troisième marche, arraser celle-ci du côté du du n°. 4 du gabari, et la première du coté du n°. 2, puis poser, comme la précédente, à un décimètre en retraite, la pierre de recouvrement de l'extrémité engagée de la deuxième marche, et continuer à procéder ainsi jusqu'à la dernière marche.

On conçoit avec quelle facilité et quelle promptitude on montera un étage d'escalier, quand l'ouvrier maçon se sera ponctuellement acquitté de sa tâche, qui consiste à bien disposer la place où chaque marche doit être fixée et scellée.

38. Il nous reste à dire un mot sur les solives palières, qui font, à bien dire, partie intégrante des escaliers. Ces solives, lorsque les marches sont massives, ou d'une seule pièce, doivent être disposées de manière à recevoir, comme l'indique la fig. 10, la première marche de montée A d'une rampe et la première marche de descente B de la rampe inférieure. Les paremens de leurs contre-marches devant se

trouver ici sur la même ligne droite, il faut bien qu'après avoir assemblé la marche A avec la solive D, suivant la coupe $c\,d$, qui est la même que celle des autres marches, le complément de la longueur de cette solive soit refouillé de la quantité $a\,b$, en ménageant l'épaisseur et la saillie de l'astragale E, que doit fournir la pièce; et ce refouillement fait, on assemblera, au moyen de la coupe fg, la marche B avec la solive, qui la recouvrira de la même quantité que les autres. On voit, d'après cela, que la hauteur de cette solive doit toujours être égale à celle de la partie engagée de la marche, afin que le plafond de la rampe ne forme point de ressaut contre celui du palier.

39. Que les marches soient de deux pièces ou d'une seule, il conviendra toujours mieux de disposer chaque solive palière comme il vient d'être dit, c'est-à-dire de manière que son parement supérieur affleure le dessus du plancher et soit, par conséquent, en contre-haut du dessus des poutres de l'épaisseur du plancher.

Les feuillures h, h sont destinées à recevoir le plancher du palier.

Pour faciliter la pose de la marche B, il ne faudra sceller la solive qu'après qu'elle sera assemblée avec cette marche.

S'il y avait nécessité d'avoir moins de marches à un étage qu'aux autres, on se conformerait à ce qui a été dit (32).

CHAPITRE II.

Des Escaliers symétriques.

40. Ces escaliers peuvent être, comme les escaliers réguliers , exécutés soit en formant chaque degré de deux pièces ou d'une seule pièce ; mais si ces deux modes peuvent également satisfaire aux exigences du goût et de la solidité, il s'en faut de beaucoup qu'ils soient également économiques, ainsi que le démontreront les estimations comparatives dont nous ferons suivre ce petit traité , lesquelles ont été faites , comme on pourra facilement s'en convaincre , avec beaucoup de soin et d'exactitude. La première donnera le prix d'une rampe d'escalier, avec limons et faux-limons , suivant le système usité ; la deuxième, le prix de la même rampe d'après le nouveau système , avec marches formées de deux pièces , et la troisième , le prix avec marches massives , ou d'une seule pièce, d'après ce même système.

Outre la raison d'économie qui nous fait donner la préférence au mode qui consiste à former chaque degré de deux pièces , l'extrême simplicité de ce mode et sa facilité suffiraient encore pour nous déterminer en sa faveur, sans nous faire négliger toutefois d'indiquer comment il faudra se conduire dans les cas où l'on jugerait à propos de recourir à l'emploi des marches massives.

41. Après avoir indiqué, comme nous l'avons fait, les procédés à suivre pour tracer et construire les escaliers réguliers suivant les deux modes entre lesquels on a la faculté de choisir, nous pouvons abréger beaucoup ce qui nous reste à dire touchant les escaliers des deux autres catégories ; car une fois le plan d'un escalier bien arrêté, et son épure tracée sur une plate-forme, ou sur un plancher, que cet escalier soit symétrique ou irrégulier, il n'y a pas plus de difficulté pour l'exécution du travail et sa mise en place que lorsqu'il s'agit d'un escalier régulier. Seulement, au lieu de n'avoir à tracer et à couper sur l'épure qu'une marche et une contre-marche, puis faire toutes les autres égales, il faut autant de tracés et de coupes séparés qu'il y a de marches et de sous-marches, puis les numéroter depuis la première jusqu'à la dernière. Quant aux emplacemens des contre-marches dans le mur, si la cage est formée par un mur, ils sont déterminés par la tringle et le gabari gradués, exactement comme dans le cas des escaliers réguliers (25 et 26), et l'on procède à la pose des bois comme pour ceux-ci (27).

42. La planche 2 fait voir le plan et la façade

principale d'une maison construite, rue Nep-
tune, à Brest, il y a vingt et quelques années,
entre deux pignons mitoyens, mais sous un as-
pect différent de celui qu'elle offrait primitive-
ment, car le pavé de la rue ayant été baissé de
plus d'un mètre devant cette maison, il y a quelques années, il s'en est suivi la nécessité d'y
faire de grands changemens, tant à l'extérieur
qu'à l'intérieur. Sa distribution a même été re-
nouvelée presqu'en totalité, l'escalier changé de
place et refait d'après un système tout autre que
celui de l'ancien escalier, et ce, parce que la
démolition des cloisons en colombage de la première distribution me laissait un grand nombre
de très-bons poteaux en châtaignier, de 8 à 9
centimètres de grosseur, dont je ne voyais pas
l'emploi dans la nouvelle distribution ; d'où me
vint l'idée d'en former la cage du nouvel escalier, non pas précisément comme celle que nous
avons ici sous les yeux (fig. 11), où les poteaux
sont répartis de deux marches en deux marches,
mais en en mettant autant que de sous-marches
et les posant de manière qu'une sous-marche
clouée contre chacun d'eux se trouvât être exactement à sa place, entre deux traverses horizontales, assemblées par entailles dans les poteaux, et posées l'une en dessous, l'une en
dessus de la contre-marche, de manière à la
faire fonctionner comme levier.

45. Mais cette idée , aussitôt réalisée que sai-
sie , parce qu'elle me promettait une grande
économie de temps et d'argent , avait besoin
d'être étudiée et mûrie comme je l'ai fait depuis,
l'ayant jugée susceptible de conduire à de bons
résultats. Ainsi , sans autre guide que cette première perception , je fis mon escalier en planches
de sapin du nord de 3 centimètres d'épaisseur,
tant pour les marches que pour les contre-marches. Une fois monté , il se présentait fort bien
et fonctionnait de même; mais le bras de levier
engagé n'ayant pas 10 centimètres de longueur,
et l'épaisseur des contre-marches n'étant que de
3 centimètres , il résultait de là que la secousse
produite par le poids d'un homme sautant sur
l'extrémité d'une marche , contre le vide de
l'échiffre , causait, dans toute l'étendue de la
rampe , une sorte de frémissement qui pouvait
faire craindre que cet ouvrage ne fût pas suffisamment résistant , ce qui me détermina à
placer, sous chaque rampe, à l'extrémité des
contre-marches, une bande de fer fixée contre
chacune d'elles, au moyen d'une vis à bois ,
ce qui fut plus que suffisant pour remédier à
l'inconvénient de ce frémissement et le faire
disparaître de la manière la plus complète. Mais
après l'étude approfondie que j'ai faite de ce
système , on peut être parfaitement tranquille
sur les suites de son application, si l'on ne

s'écarte pas trop sensiblement des dimensions et des procédés indiqués. Les escaliers ainsi construits, on pourra compter sur leur solidité, sans le secours des bandes de fer. Celui que nous présentons ici pour exemple n'est pas précisément ce que j'ai fait, mais ce que j'aurais dû faire, ce que je ferai à la première occasion qui se présentera, et qui désormais ne se fera pas long-temps attendre, du moins je l'espère.

44. La coupe horizontale du pan de bois dont est formée la cage de l'escalier qui nous a paru le mieux convenir à la maison dont il s'agit, présente, non pas précisément une demi-ellipse, mais un demi-ovale, courbe formée de trois arcs de cercle, toujours assez gracieuse, tant que la longueur du grand axe n'excède pas de beaucoup une fois et demie celle du petit axe; mais au-delà de cette limite, et plus on s'en écarte, moins la courbe fait bien, parce que la différence entre les rayons des arcs de cercles devient telle qu'à leurs points de tangence cette courbe semble jarreter et n'avoir plus de suite. Il faudrait alors recourir à l'ellipse, courbe toujours agréable à l'œil, quelle que soit la différence entre ses axes.

45. Avant de passer au tracé de l'épure de notre escalier, il nous a semblé utile, pour ceux des ouvriers qui ne le sauraient pas, de

montrer comment on décrit une ellipse et un ovale ; et puisque cette dernière courbe est celle que présente le plan à suivre, nous commencerons par elle.

Tirez la droite indéfinie A B (fig. 12), puis, vers son milieu, et perpendiculairement, l'indéfinie C D ; portez le demi-grand axe de E en A et de E en B, et le demi-petit axe de E en F ; faites sur E A le triangle équilatéral E A G ; puis, du point E, comme centre, et du rayon E F, décrivez l'arc de cercle F H qui rencontre G E en H ; par les points F et H, menez la droite H F, et prolongez-la jusqu'à ce qu'elle rencontre A G en I ; portez A I de A en K, et, par les points I et K, menez I K, que vous prolongez jusqu'à la rencontre de C D en L ; enfin portez A K de B en M, et faites sur B M le triangle équilatéral B M N = A K I ; puis, des points K et M, et d'un rayon = A K ou B M, décrivez les arcs A I, B N ; du point L et du rayon L I, l'arc I F N : vous aurez A I F N B pour la courbe cherchée.

La courbe *a i f n b* (fig. 13) est décrite par le même procédé ; mais comme la longueur du grand axe est triple de celle du petit axe, cette courbe ne se présente plus aussi bien que la précédente, et l'ellipse (fig. 14) construite sur des axes respectivement égaux à ceux *a b, 2 e f,* est sans contredit bien préférable.

46. Il y a plusieurs manières de décrire une ellipse, soit en déterminant successivement un assez grand nombre de points de la courbe pour qu'en la traçant à la main il ne puisse y avoir d'erreur sensible, soit par un mouvement continu. Nous nous bornerons aux deux méthodes les plus usitées.

L'ellipse, qui n'est autre chose que la projection d'un cercle vu de côté, ou un cercle allongé, ou un cercle applati, comme on voudra, est une courbe telle que la somme des distances de chacun de ses points à deux points fixes F et f, pris sur son grand axe, et qu'on appelle *foyers*, est toujours égale à la longueur de ce grand axe. De cette propriété de la courbe se déduit tout naturellement le moyen de la tracer, soit par points successifs, soit par un mouvement continu.

Pour la tracer par points, prenez pour point de départ BG < FB d'une quantité FG aussi petite que vous le voudrez; du point f et d'un rayon égal à BG, décrivez un petit arc $a\,b$; du point F et d'un rayon égal au complément A G du grand axe, décrivez le petit arc $c\,d$: le point d'intersection de ces deux arcs sera l'un de ceux de la courbe. Prenez ensuite BH < BG; du point f et d'un rayon = BH, du point F et d'un rayon = AH, décrivez deux arcs qui se coupent comme les précédens; vous aurez un nouveau point de

la courbe ; et, en continuant ainsi, vous ob-
tiendrez autant de points de la courbe que vous
désirerez en avoir ; ensorte qu'en faisant passer
une ligne par tous ces points, elle sera la courbe
cherchée, puisque la somme des distances de
chacun de ces points aux deux foyers sera toujours égale au grand axe.

Pour la décrire par un mouvement continu,
après avoir déterminé les extrémités A et B du
grand axe et celles C et D du petit axe, puis les
foyers F et f, en portant $AI = IB$ de D en F et
en f, fixez verticalement deux pointes aux deux
foyers F et f, puis en D une autre pointe per-
forée à deux ou trois millimètres de son bout
inférieur ; fixez ensuite autour de l'une quelconque des pointes F et f un fil de laiton, au
moyen d'un nœud ; tendez ce fil de manière
qu'en le faisant passer par le trou de la pointe
D, il aille rejoindre et s'attacher à la pointe f,
toujours ainsi tendu ; enfin, levez la pointe D
et faites-la mouvoir de droite à gauche et réci-
proquement, en tenant toujours le fil tendu et
appuyant cette pointe mobile, dans sa position
verticale, sur votre plan, et vous aurez la courbe
cherchée, puisqu'il est bien évident que la
somme des distances de chacun de ses points
aux deux foyers sera toujours égale au grand
axe.

47. Ayant tracé l'emplacement de la cage de

l'escalier comme il vient d'être dit, en pro-
portionnant son étendue, et au nombre de marches dont on a besoin, et à la largeur qu'elles
doivent avoir, il faut dabord, par des arcs con-
centriques, tracer parallèlement à la courbe
A B C D E F...... celle $abcdef$...... qui limite la
longueur des contre-marches, sur le vide de
l'échiffre; puis diviser chacune de ces deux
courbes en autant de parties égales A B, B C,
C D......, ab, bc, cd...... qu'il doit y avoir de
marches, et tirer les droites aA, bB, cC, dD......,
que l'on prolongera jusqu'à la rencontre de la
courbe K L M N, menée parallèlement à A B C
D E....., et à distance de deux décimètres, épaisseur du pan de bois. Ces lignes et leurs parallèles
a'A', B'b', C'c'...... déterminent la longueur
et la coupe des contre-marches, auxquelles nous
supposons ici six centimètres d'épaisseur. En
ajoutant à l'espace donné par ces mêmes lignes
la saillie de l'astragale et la largeur de la languette qui doit être assemblée dans la rainure
de la contre-marche (23), puis arrondissant le
bout de la marche, comme l'indique la figure,
on aura la forme et la grandeur de chaque marche; mais on voit qu'il n'en est plus comme
des escaliers réguliers, où une seule marche
sert pour couper toutes les autres. Ici chaque
marche et sa contre-marche doivent être coupées séparément sur l'épure, et recevoir le

numéro de leur place; autrement on serait
exposé à de bien fâcheux mécomptes dans la
pose.

L'escalier tracé comme nous venons de l'indiquer aura de la grâce, et l'emmarchement
sera commode. On procédera de la même manière dans tous les cas analogues.

48. Nous avons vu, pour les escaliers réguliers, qu'en montant le mur de la cage, il faut
ménager, au moyen de pierres préparées tout
exprès et posées comme nous l'avons indiqué
(25, 26 et 37), les emplacemens nécessaires
pour recevoir les contre-marches, quand chaque
degré est formé de deux pièces, et les marches,
quand elles sont massives. On doit procéder
d'une manière tout à fait analogue, lorsque la
cage est formée par un pan de bois. L'épure de
l'escalier donne en même temps, comme le
montre la figure 11, le tracé des poteaux et traverses. Ces poteaux doivent être coupés de manière qu'une de leurs faces joigne bien, dans
toute sa largeur, la partie engagée du parement
de revers des contre-marches, et qu'ainsi appli-
quées contre les poteaux, aux hauteurs marquées
sur la tringle, elles se trouvent exactement à
leur place; c'est-à-dire que leurs paremens de
revers tombent bien verticalement sur les lignes
correspondantes du gabari.

Ici nous supposons autant de poteaux que

de contre-marches, et cela doit être en effet ; mais comme ils seraient beaucoup plus rapprochés qu'il n'est nécessaire, et que la dépense excéderait celle d'un mur plein, nous réduisons leur nombre de moitié, en n'en mettant qu'un seul pour deux marches ; et, au moyen de deux traverses P et Q, de 8 à 9 centimètres de hauteur et d'une épaisseur égale à celle du pan de bois, assemblées à tenons et mortaises, et embrevées, comme on le voit, dans les poteaux R et S, puis d'un potelet T, marqué T' sur le plan, assemblé aussi à tenons et mortaises dans ces deux traverses, nous obtenons l'emplacement de la contre-marche intermédiaire G. Ce potelet doit avoir 7 ou 8 centimètres de largeur, et la même épaisseur que le pan de bois.

On voit que la traverse P reçoit la contre-marche marquée n°. 7 sur la tringle, et répond aussi au n°. 7 du gabari, et que, par conséquent, cette contre-marche s'applique contre la face Y du potelet et contre la face inférieure de la traverse V, assemblée par entailles dans ce potelet et dans le poteau S. Cette traverse affleure les deux poteaux, au parement de revers du pan de bois. Il suffit qu'elle ait 6 centimètres de hauteur sur 5 à 6 d'épaisseur (14).

Pour recevoir la contre-marche n°. 8, il faut assembler la traverse X de la même manière que la précédente, en lui donnant la même grosseur

et la faisant affleurer le parement de face du pan
de bois. La face supérieure de cette 8ᵉ. contre-
marche se trouvera en contact avec la face inférieure de la traverse Q.

Par cette disposition, on diminue considérablement la consommation de bois et on obtient
une solidité bien suffisante.

La maçonnerie de remplissage du pan de bois
n'offrant pas, comme dans un mur plein, le
moyen de sceller solidement les contre-marches,
chacune d'elles doit être fixée contre son poteau
par trois vis à bois.

Le pan de bois une fois monté avec ses traverses et potelets, on procédera à la pose des
marches et contre-marches comme il a été dit
(27, 28 et 29), en observant d'avoir égard à
ce qui a été dit (30) relativement à la dernière
marche à assembler dans la solive palière et au
refouillement qui doit recevoir l'astragale.

49. Nous terminerons le chapitre des escaliers symétriques par un mot sur ceux en marches massives, et nous n'avons à ajouter à ce
que nous avons dit (34, 35, 36 et 37) sur
les escaliers réguliers aucun procédé nouveau.
Seulement, comme ici les marches ne peuvent
être superposées, il faudra faire pour chacune
d'elles ce qu'il suffit de faire pour une seule,
quand l'escalier est régulier. La figure 15, entièrement semblable à la figure 9, indique assez

la manière de déterminer et de tracer les coupes de chaque marche, pour nous dispenser d'entrer à ce sujet dans de nouveaux détails, qui ne seraient que la répétition de ce que nous avons dit.

5o. Quant aux poteaux et aux traverses du pan de bois, ils seront des mêmes dimensions que pour le cas où les marches sont formées de deux pièces; mais leur position ne sera plus la même. Il faudra se conformer, pour la déterminer, à ce qui a été dit (37). Au reste, la figure 15 montre très-exactement, par la coupe T" dgr de l'un des poteaux, leur position par rapport aux marches, et le petit coin Q T"r à enlever, pour faciliter l'introduction de la partie engagée de chaque marche entre deux poteaux consécutifs. Quant aux traverses, on se rappellera que les numéros de la tringle qui déterminent leur position n'indiquent plus le dessus des contre-marches, mais bien le dessus des marches.

CHAPITRE III.
Des Escaliers irréguliers.

51. La construction de ces escaliers, qu'ils soient en marches formées de deux pièces, ou ou d'une seule pièce, n'offre pas la moindre difficulté de plus que ceux traités dans les deux

chapitres précédens. Lorsque le plan est arrêté, que la division des marches est effectuée, et que les lignes qui déterminent la position des contre-marches sont tracées, il n'y a plus qu'à couper chaque pièce sur ce plan, qui fait toute l'épure de l'escalier, préparer l'emplacement de chaque contre-marche, au moyen du gabari et de la tringle, comme il a été dit (24, 25 et 26), puis s'occuper de la pose suivant les procédés indiqués (27).

52. La planche 3 offre le plan du premier étage et des étages supérieurs d'une maison d'encoignure et sa façade principale. Ici l'escalier est éclairé par des impostes vitrées qui font suite aux croisées de la façade en retour. Le mur est plein jusqu'au niveau des appuis de ces impostes, et le complément de la hauteur des croisées doit y être figuré extérieurement. La forme et l'étendue de la cage doivent être combinées de manière que l'emmarchement laisse ces appuis d'impostes assez en contre-haut pour ne point gêner les emplacemens à ménager dans le mur pour recevoir les contre-marches ; et indépendamment des pierres de taille qui figurent extérieurement ces mêmes appuis, il doit en être posé intérieurement d'une longueur suffisante pour qu'elles ne soient pas engagées de moins de 15 centimètres sous les écoinçons ; la largeur de celles-ci formera,

avec la largeur des appuis extérieurs, le complément de l'épaisseur du mur ; quant à leur
hauteur, elle ne devra pas être au-dessous de
20 centimètres. On conçoit que, sans ces appuis intérieurs engagés sous les écoinçons, la
charge des contre-marches correspondantes au
vide pourrait excéder la résistance de la maçonnerie comprise entre ce vide et les contre-
marches, et ainsi compromettre la stabilité de
l'escalier dans cet endroit.

53. La coupe horizontale du mur de la cage
présente, à cause du biais, une courbe irrégulière que nous faisons telle autant pour gagner de l'espace que pour diminuer l'épaisseur
du massif en maçonnerie dans l'angle aigu. La
projection du vide de l'échiffre ne se présente
certainement pas avec autant de grâce que dans
les escaliers réguliers et symétriques, mais l'œil
n'en sera pas plus choqué que d'un triangle ou
d'un quadrilatère irrégulier ; et si, avec cette
forme, nous obtenons, dans cet emplacement,
un escalier plus commode qu'en adoptant toute
autre forme, sans courbe, il n'y a pas à balancer.
Or, il est évident que nous ne pourrions obtenir, dans une cage triangulaire ou quadran-
gulaire, un emmarchement aussi commode et
avec la suite continue que présente la fig. 16.

Ainsi, en supposant que l'on s'arrête à ce
plan, voici comment il faut procéder pour déterminer la projection du vide de l'échiffre,

qui doit être parallèle à la courbe que forme
le mur de la cage.

Divisez tout le développement de la ligne
mixte qui forme l'étendue de l'emmarchement,
contre le mur, en autant de parties égales que
vous devez avoir de marches; sur les points de
milieu H, I, K, L........ de ces intervalles
égaux, et dans les limites de la courbe seulement, menez à cette courbe des perpendiculaires que vous prolongerez indéfiniment dans
le vide de l'échiffre; portez sur chacune de ces
perpendiculaires, à partir des points H, I, K,
L......., une distance égale à la longueur de
la première marche ST, ou de la dernière VX,
de H en h, de I en i, de K en k, etc.; puis, par
par les points H, I, K, L......., faites passer
une courbe; elle déterminera la projection
cherchée du vide de l'échiffre; effacez ensuite
toutes ces perpendiculaires, qui compliqueraient
inutilement votre épure, et qui pourraient même
occasionner de fâcheuses méprises.

Il ne reste plus, pour compléter le tracé de
cet escalier, qu'à diviser la ligne de projection
du vide de l'échiffre en autant de parties égales
T a, $a b$, $b c$, $c d$...... qu'il y a de marches,
et les lignes a A, b B, c C, d D...... seront
celles de face des contre-marches; portant leur
épaisseur en arrière et la saillie de l'astragale en
avant, vous aurez tout ce qui sera nécessaire

pour l'exécution du travail de votre escalier, qui, d'après ce plan, sera tout aussi commode que s'il était régulier ou symétrique. Ainsi, quelle que soit la forme de l'escalier, il n'y a jamais la moindre difficulté pour l'exécution, et pas davantage pour la pose, si l'on est attentif à bien déterminer et préparer l'emplacement de chaque contre-marche comme il a été dit (24, 25 et 26).

54. Si l'on voulait faire en marches massives cet escalier irrégulier, on procéderait exactement, pour chaque marche, ainsi que nous l'avons fait pour les escaliers réguliers et symétriques, et l'épure que nous aurions à présenter ne différerait pas des figures 9 et 15.

— — — —

Nous avons considéré comme chose utile et qui ne devait pas être exclue de notre travail sur ce nouveau système, de présenter, dans le frontispice, une vue très-exacte d'une partie d'escalier à cage demi-circulaire. Le point de vue est pris dans l'axe de la cage, à 2^m· 40^c· de distance de la première contre-marche, et à 1^m· 60^c· au-dessus du plancher. Cela seul suffit pour donner une idée nette du système. On voit une partie des marches assemblées avec les contre-marches, et une partie de celles-ci qui se montrent isolément,

CHAPITRE IV.

Comment il faut tenir compte de la différence de portée des marches.

---

55. Dans les escaliers que nous avons pris pour exemples, la portée des marches n'a été supposée que d'un mètre, par conséquent, en conservant à la contre-marche la hauteur de 16 centimètres que nous lui avons donnée (13), il est clair que sa portée étant ici plus courte de 9 centimètres, son épaisseur doit être moindre que 6 centimètres, et la longueur de sa partie engagée moindre que 20 centimètres.

Prenant donc pour points de départ les résultats que nous avons reconnus bons pour $1^{m\cdot}$ $09^{c\cdot}$ de portée et 20 centimètres de partie engagée, de combien, pour une portée plus ou moins grande que $1^{m\cdot}$ $09^{c\cdot}$, faudra-t-il augmenter ou diminuer l'épaisseur de la contre-marche? De combien augmenter ou diminuer la longueur dans sa partie engagée?

Quelle que soit la portée de la contre-marche, la charge que doit soutenir la pièce à l'une de ses extrémités avant de se rompre, et la pression exercée par son autre extrémité contre la traverse supérieure, sont deux quantités qui ne doivent point varier. La première sera donc toujours de 1824 kilogrammes, et la deuxième de 13862 kil. Celle-là est, comme nous l'avons vu (17), au moins sextuple de ce dont nous avons besoin à la rigueur, et celle-ci (16) est de beaucoup inférieure à la résistance que peut opposer la force de cohésion du bois.

Cela posé, nous disons que la question sera résolue, si l'on fait les épaisseurs des contre-marches proportionnelles à leurs portées, de même que les longueurs de leurs parties engagées et les épaisseurs des traverses. Ainsi, pour $1^{m\cdot}$ $09^{c\cdot}$ de portée, la partie engagée étant de 20 centimètres, on aura, pour 1 mètre, 18,35, par la proportion 109 : 100 :: 20 : 18,35.

Pour 109, l'épaisseur des contre-marches étant de 6 centimètres, le $4^{e\cdot}$ terme de la proportion 109 : 100 :: 6 : 5,50 donne l'épaisseur pour un mètre de portée.

Enfin, la distance entre les points de milieu des traverses est donnée par le 4e terme de la proportion 20 : 15 :: 18,35 : 13,76.

Et, pour preuve de l'exactitude de ces résultats, substituons au lieu des lettres leurs nouvelles valeurs, dans les formules

$$P' = \frac{a\,b^2\,T}{4\left(\frac{1}{2}l+m\right)} \quad \text{et} \quad P'' = \frac{P'\left(\frac{1}{2}l+m\right)}{\frac{1}{2}l-m},$$

nous avons $a = 5,5$, $b = 16$, $l = 18,35$,

$$m = \frac{18,35}{2} - 13,76;\ T = 541,58.$$

Par conséquent,

$$P' = \frac{5,5 \times \overline{16}^2 \times (541,58)}{4\left(\frac{118,11}{2} + 45,41\right)} = 1824,$$

$$\text{et } P'' = \frac{1824\left(\frac{118,11}{2} + 45,41\right)}{\frac{118,11}{2} - 45,41} = 13862.$$

Si, au lieu de diminuer la portée de 9 centimètres, on l'augmente de 9 centimètres, c'est-à-dire si elle était de 1ᵐ· 18ᵉ·, on dirait :

109 : 118 :: 20 : 21,65, longueur de la partie engagée ;
109 : 118 :: 6 : 6,49, épaisseur de la contre-marche ;
20 : 15 :: 21,65 : 16,23, distance entre les points de milieu des traverses.

Ici $a = 6,49$; $b = 16$; $l = 159,65$; $m = \frac{159,65}{2} - 16,23$. Substituant ces nouvelles valeurs dans les formules, on trouverait encore $P' = 1824$ et $P'' = 13862$.

CHAPITRE V.

Prix comparatifs des Escaliers suivant les deux systèmes, du Pan de bois et du Mur plein.

1°. PRIX COMPARATIFS DES ESCALIERS.

56. Nous avons annoncé une économie considérable par l'emploi du nouveau système. Les évaluations suivantes, justifiées par un assez

grand nombre d'expériences, ne nous laisseront aucun doute à cet égard.

Nous prendrons pour type de ces évaluations l'escalier de la planche première.

57. Détail estimatif de l'escalier (fig. 4) construit, suivant le système usité, en bois de chêne de première qualité.

Le limon. . { Longueur développée 4,42 } 0,155
             { Equarrissage 0,35 sur 0,10 }

Le faux-lim. { Longueur développée 7,13 } 0,171
             { Equarrissage 0,3 o   0,08 }
                                              ————
                                              0,326

0,326 Cube de bois de chêne, à 240 fr. 69 c. le mètre cube, pour fourniture, façon, pose, déchet, bénéfice et faux-frais, ci. 78 46

19 Contre- { Longueur ensemble   19,00 } 0,122
marches.   { Equarrissage 0,16 sur 0,04 }

19 Marches { Longueur ensemble   19,00 } 0,243
           { Equarrissage 0,32 sur 0,04 }
                                             ————
                                             0,365

0,365 Cube de bois de chêne, à 194 fr. 36 c., pour fourniture, façon, etc., ci. 70 94

Total, pour une rampe de hauteur d'étage, non compris les boulons et bandes de fer auxquels on a ordinairement recours pour fortifier et consolider les assemblages, ci. 149 40

Les prix ci-dessus ont été établis comme suit :

1°. Sous-détail du prix d'un mètre cube de bois de chêue, première qualité, employé pour limons et faux-limons d'un escalier établi dans un espace limité par une courbe circulaire, elliptique, ou par une courbe irrégulière :

Un mètre cube de bois rendu au chantier.	120 fr.	00 c.
Un tiers de déchet dans l'emploi, pour les coupes et débillardemens.	40	00
Façon et pose.	53	00
	213	00
Bénéfice et faux-frais, 13 pour cent.	27	69
Prix pour un mètre cube en place.	240	69

2°. Sous-détail du prix d'un mètre cube de bois de chêne, première qualité, employé pour marches et contre-marches :

Un mètre cube de bois de chêne..	120 fr	00 c.
Un cinquième de déchet.	24	00
Façon et pose.	28	00
	172	00
Bénéfice et faux-frais, 13 pour cent.	22	36
Prix du mètre cube en place.	194	36

58. Détail estimatif de la même rampe d'escalier suivant le nouveau système.

Une contre-marche.	Longueur.	1,20	
	Equarrissage 0,16 sur 0,06		0,012
18 Autres égales.			0,216
Une marche.	Longueur.	1,12	
	Equarrissage 0,32 sur 0,04		0,014
18 Autres égales.			0,252
			0,494

o,494 De bois de chêne, à 194 fr. 36 c., pour
fourniture, façon, pose, etc., ci. 96 01

Ajoutant à cette somme, pour la sujétion de
la pose des pierres destinées à recevoir et contenir
la partie engagée des contre-marches, 1 fr. 25 c.
pour chacune d'elles, ci. 23 75

Et l'expérience fera voir que cette évaluation est
plutôt forte que faible.

Ainsi, le prix de cet étage d'escalier ne s'élè-
verait qu'à. 119 76

Nous venons de voir que d'après l'autre système
il coûterait. 149 40

Le nouveau système offre donc une économie de   29 64

Mais si l'on fait attention que, dans la première de ces évaluations, nous n'avons point fait
entrer les patefiches, boulons et bandes de fer
qu'exige presque toujours le système usité, et
dont le nouveau système n'a jamais besoin, on
sera convaincu que ce n'est pas seulement sur
une économie de 20 pour cent que l'on peut
compter, mais sur plus de 30 pour cent.

59. Quant aux escaliers en marches massives,
quel que soit le système que l'on adopte, ils
coûteront toujours, à peu de chose près, le
même prix, c'est-à-dire beaucoup plus cher que
les précédens. Voici le détail estimatif de celui
de la planche première, dont la figure 9 présente l'épure :

$$
\text{Une marche} \left\{ \begin{array}{l} \text{Longueur.} \dots \dots \text{1,24} \\ \text{Largeur réduite.} \dots \text{0,35} \\ \text{Epaisseur.} \dots \dots \text{0,23} \end{array} \right\} \text{0,100}
$$

18 Autres égales. 1,800

1.900

1,900 Cube de bois de chêne, à 194 fr. 36 c.,   fr.   c.
pour fourniture, façon, etc., ci. 369 28

On aurait sans doute pour ce prix un escalier très-beau et très-solide; mais si, avec le tiers de ce même prix, on peut en obtenir un qui ne flatte pas moins l'œil et qui ne donne lieu à aucune crainte sous le rapport de la solidité, quel motif de préférer le mode le plus dispendieux, à moins qu'on ne soit dans une position qui permette de dire : il me faut le mieux possible, quel que soit le prix. Or, les économies dont il s'agit ici s'adressent bien moins à ces puissances-là, pour en profiter, qu'à leur philantropie pour les approuver et les propager.

60. Quand la cage de l'escalier est formée par un pan de bois, il faut remplacer la somme de 25 fr. 75 c. portée ci-dessus par le prix des traverses et potelets qui, avec le concours des poteaux de fond, déterminent les emplacemens des contre-marches. Voici le détail de ce prix :

18 Traverses { Longueur ensemble. . 9,24 } 0,133
{ Equarrissage 0,18 sur 0,08 }

18 Autres. { Longueur ensemble. . 6,52 } 0,020
{ Equarrissage 0,06 sur 0,05 }

9 Potelets. { Longueur ensemble. . 3,20 } 0,040
{ Equarrissage 0,18 sur 0,07 }
____
0,193

0,193 Cube de bois de chêne provenant de rognures et d'enlevures, mais bien sain et bien sec, à 122 fr. le mètre cube, en place, ci. . . . 23 54 fr. c.

Ainsi, que la cage de l'escalier soit formée par un mur ou par un pan de bois, il en coûtera, à très-peu de chose près, le même prix pour préparer les emplacemens des contre-marches.

2°. PRIX COMPARATIFS DU PAN DE BOIS ET DU MUR PLEIN.

61. Détail estimatif du pan de bois et de sa maçonnerie de remplissage.

1°. Bois de charpente commun, mais sans roulures, ni nœuds vicieux, et bien sec.

10 Poteaux. { Longueur ensemble. 32,00 } 0,518
{ Equarrissage 0,18 sur 0,09 }

Semelle. { Longueur développée 6,52 } 0,106
{ Equarrissage 0,18 sur 0,09 }

Nota. Le chapeau fonctionne comme semelle à l'étage supérieur, et ne doit par conséquent être compris dans l'évaluation présente que pour $\frac{1}{4}$, s'il y a trois étages, ci. 0,027
____
0,651

0,651 Cube de bois de chêne en place, à fr. c.
136 fr. le mètre cube, ci. 88 53

2°. Maçonnerie de remplissage en petits moellons posés avec bon mortier composé de ⅓ de chaux
coulée et ⅔ de sable de mine.

Au mètre cube.

Largeur développée. . . . . . 4,62 ⎫
Hauteur. . . . . 3,11 ⎬ 2,587
Epaisseur. . . . . 0,18 ⎭

2,587 Cubes, à 14 fr. 77 c., ci. 38 21

Prix du pan de bois et de sa maçonnerie de
remplissage, enduits non compris, ci. 126 74

62. Détail estimatif du mur plein de 0,50
centimètres d'épaisseur.

Largeur développée. . . . . . 6,52 ⎫
Hauteur. . . . . 3,20 ⎬ 10,432
Epaisseur. . . . . 0,50 ⎭

10,432 Cubes de maçonnerie à 11 fr. 81 c., fr. c.
enduits non compris, ci. 123 20

Ainsi, que l'on fasse un mur plein ou un pan
de bois, la dépense sera, à peu de chose près,
la même (*).

(*) Il n'en est pas des prix comparatifs du pan de bois et du mur
comme de ceux des escaliers construits suivant les deux systèmes.
Que le bois et la main-d'œuvre soient plus chers dans une localité
que dans une autre, le nouveau système n'en conservera pas moins
évidemment ses avantages sur l'ancien ; mais on conçoit que, selon
les variations que chaque localité peut apporter dans les prix des
différens matériaux dont se composent le mur et le pan de bois, l'un
sera tantôt plus, tantôt moins cher que l'autre.

Les deux prix précédens ont été établis comme suit :

1°. Sous-détail du prix d'un mètre cube de maçonnerie en petits moellons, posés avec mortier composé de $\frac{1}{1}$ de chaux coulée et de $\frac{2}{1}$ de sable de mine :

1 Mètre cube de moellon.	3 fr.	oo c.
Déchet 0,16.	o	48
Façon, pose, etc.	4	5o
0,40 Cube de mortier, à 13 fr. 62 c. .	5	45
	13	43
Bénéfice, un dixième.	1	34
Prix du mètre cube.	14	77

2°. Sous-détail du prix d'un mètre cube de maçonnerie pour murs pleins, de o$^\text{m.}$ 40 à o$^\text{m.}$ 6o d'épaisseur :

1 Mètre cube de moellon.	3 fr.	oo c.
Déchet.	o	48
Façon et pose.	2	5o
0,35 Cube de mortier, à 13 fr. 62 c. .	4	76
	10	74
Bénéfice, un dixième.	1	07
	11	81

FIN.

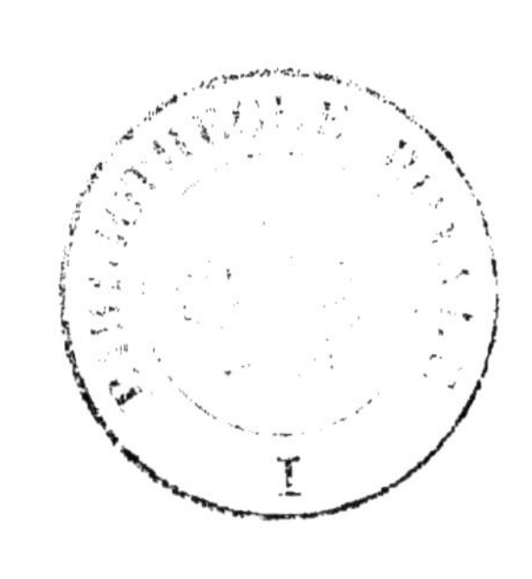

TABLE *indiquant, suivant le système métrique, la force du bois de chêne posé horizontalement et chargé au milieu de sa portée, la pesanteur spécifique étant supposée de 60 livres par pied cube, ou 892 kilogrammes par mètre cube.*

GROSSEURS DES PIÈCES EN CENTIMÈTRES.			LONGUEURS EXPRIMÉES EN CENTIMÈTRES.																						
Série	Épaisseurs	Hauteurs	227 (n=0)	260 (n=1)	292 (n=2)	325 (n=3)	358 (n=4)	390 (n=5)	423 (n=6)	455 (n=7)	488 (n=8)	520 (n=9)	553 (n=10)	585 (n=11)	618 (n=12)	650 (n=13)	683 (n=14)	715 (n=15)	748 (n=16)	780 (n=17)	813 (n=18)	845 (n=19)	878 (n=20)	910 (n=21)
			kil.	kil.	kil.	kil.	kil.	kil.	kil.	kil.	kil.	kil.	kil.	kil.	kil.	kil.	kil.	kil.	kil.	kil.	kil.	kil.	kil.	kil.
1re Série	6	8	916	788	691	611	547	496	448	409	375	346	320	297	276	258	241	226	212	199	187	177	167	157
	7	10	1670	1436	1259	1114	996	900	816	746	684	632	584	542	504	471	439	415	387	363	341	322	304	286
	8	12	2748	2367	2073	1834	1639	1481	1343	1229	1127	1040	961	893	830	775	724	678	636	598	562	530	500	473
	10	14	4676	4022	3527	3120	2789	2520	2286	2091	1917	1769	1625	1518	1412	1318	1234	1154	1082	1018	957	902	850	803
	11	16	6718	5778	5067	4484	4007	3620	3284	3004	2752	2541	2349	2181	2029	1894	1769	1659	1555	1462	1375	1296	1222	1154
2e Série	12	16	7329	6302	5549	4891	4371	3950	3583	3277	3005	2770	2581	2380	2213	2066	1930	1809	1695	1595	1500	1414	1333	1259
	13	18	10044	8640	7609	6706	5994	5159	4913	4273	4120	3801	3513	3263	3034	2833	2648	2481	2328	2188	2057	1963	1828	1748
	14	20	13360	11487	10117	8917	7969	7200	6532	5974	5498	5054	4671	4339	4035	3767	3665	3399	3093	2909	2735	2577	2430	2295
	15	22	17321	14892	13116	11560	10331	9334	7873	7223	6665	6162	5725	5325	4973	4648	4358	4088	3846	3618	3400	3345	3151	2976
	17	24	23348	20048	17724	15592	13935	12590	11413	10457	9599	8838	8170	7611	7071	6587	6112	5763	5409	5086	4746	4509	4250	4058
	19	26	30643	26347	23203	20452	18278	16514	14982	13702	12567	11593	10715	9922	9254	8640	8071	7706	7095	6672	6274	5915	5576	5273
	20	28	37409	32179	28220	24352	22315	20161	18267	16728	15339	14153	13081	12150	11298	10548	9854	9237	8661	8145	7659	7221	6806	6428
	22	30	47239	40632	35498	31528	28178	25458	23094	21123	19369	17872	16518	15343	14267	13474	12444	11664	10937	10285	9672	9018	8594	8117
	23	32	56191	48332	42388	37811	33518	30283	27474	25125	23040	21259	19648	18319	16971	15844	14802	13875	13011	12234	11505	10846	10223	9663
	25	34	68906	59307	52013	46326	41129	37159	33712	30832	28272	26086	24110	22395	20824	19442	18163	17012	15965	15008	14118	13309	12545	11849
	26	36	80392	69140	60645	53357	47954	43326	39930	35948	32963	30415	28111	26111	24279	22668	21177	19992	18614	17504	16461	15517	14627	13815
3e Série	6	16	3664	3152	2764	2445	2186	1975	1791	1638	1502	1386	1283	1190	1106	1033	965	905	848	797	750	707	666	629
	7	18	5411	4654	4080	3611	3227	2916	2646	2419	2219	2047	1892	1758	1634	1526	1425	1336	1253	1178	1108	1044	984	930
	8	20	7634	7197	5759	5095	4554	4114	3732	3413	3130	2888	2669	2479	2305	2152	2011	1885	1767	1659	1563	1485	1377	1311
	10	22	11459	9932	8710	7706	6888	6225	5664	5163	4734	4368	4037	3750	3485	3256	3041	2851	2660	2514	2364	2230	2100	1984
	12	24	15491	14184	12440	11006	9781	8887	8063	7374	6762	6239	5766	5376	4980	4650	4344	4072	3818	3591	3377	3183	3000	2834
	14	26	22667	19414	17097	15316	13468	12143	11040	10096	9258	8540	7895	7333	6819	6366	5948	5577	5228	4916	4623	4358	3994	3880
	16	28	29927	25732	22662	19974	17841	16129	14632	13382	12271	11322	10466	9723	9038	8454	7883	7396	6929	6520	6127	5776	5446	5175
	18	30	38650	33245	29155	25976	23055	20830	18898	17283	15848	14623	13515	12553	11673	10898	10181	9544	8949	8415	7914	7460	7032	6642

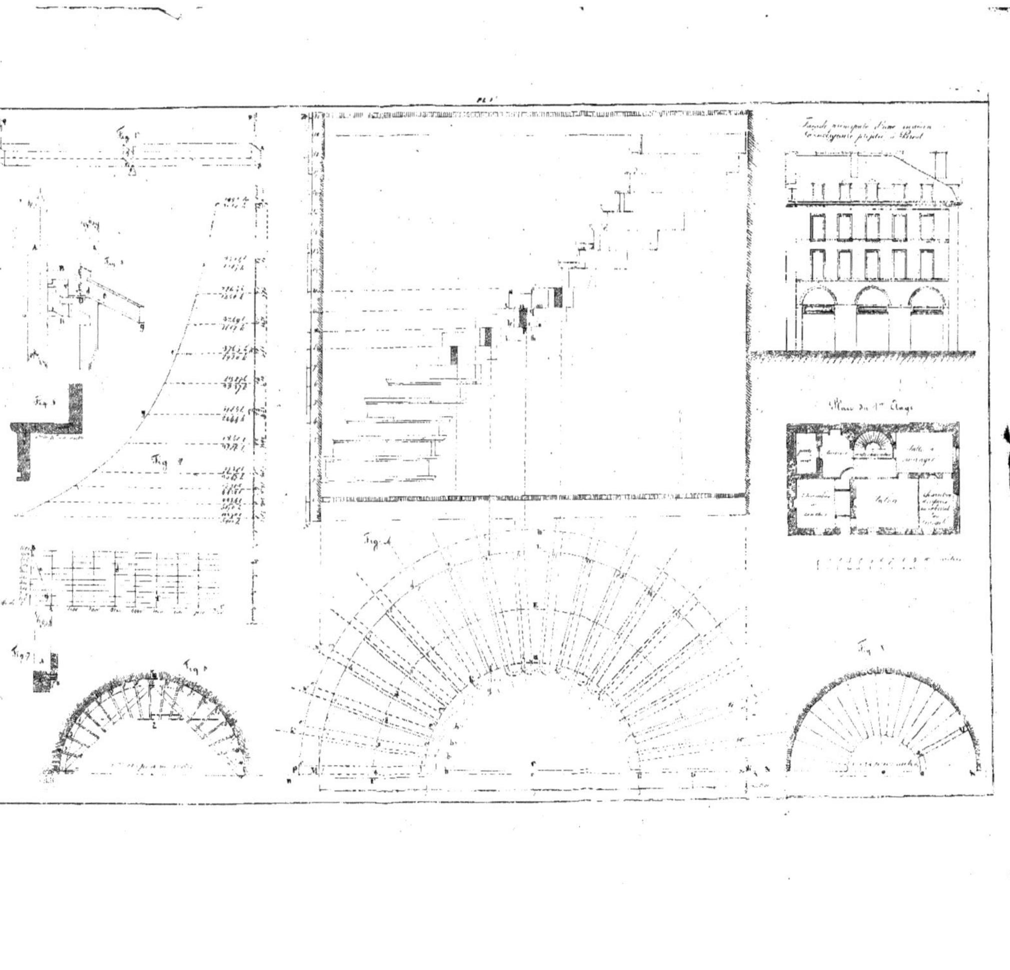

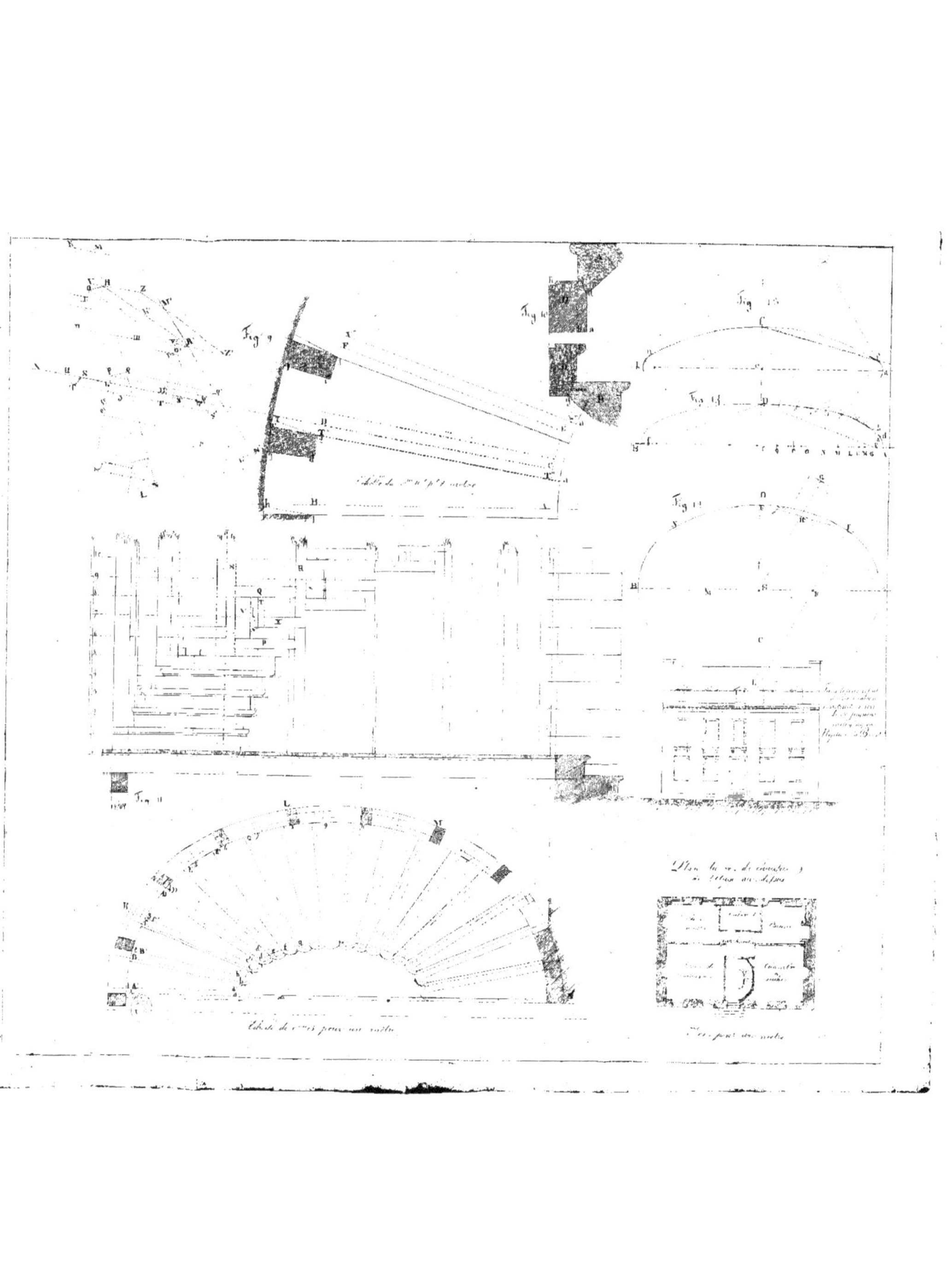

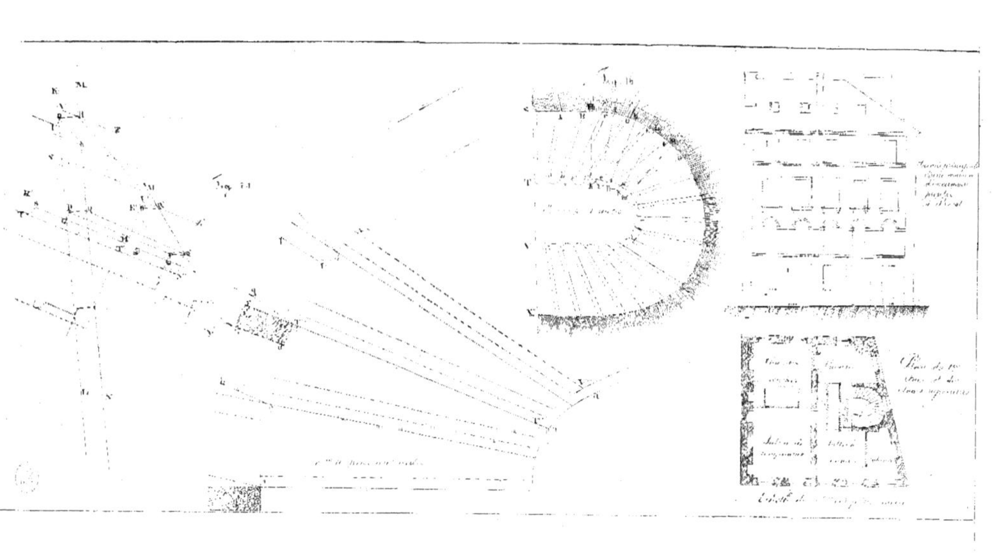